CONSEIL INTERNATIONAL DE RECHERCHES

ASSEMBLÉE CONSTITUTIVE

TENUE

AU PALAIS DES ACADÉMIES, A BRUXELLES, DU 18 AU 28 JUILLET 1919

COMPTE RENDU

PRÉSENTÉ

à l'Académie royale des sciences, des lettres et des beaux-arts de Belgique

PAR

MM. PELSENEER, SWARTS & LECOINTE

MEMBRES DE L'ACADÉMIE

BRUXELLES

HAYEZ, IMPRIMEUR DE L'ACADÉMIE ROYALE DE BELGIQUE

112, Rue de Louvain, 112

1919

CONSEIL INTERNATIONAL DE RECHERCHES

ASSEMBLÉE CONSTITUTIVE

TENUE

AU PALAIS DES ACADÉMIES, A BRUXELLES, DU 18 AU 28 JUILLET 1919

COMPTE RENDU

PRÉSENTÉ

à l'Académie royale des sciences, des lettres et des beaux-arts de Belgique

PAR

MM. PELSENEER, SWARTS & LECOINTE

MEMBRES DE L'ACADÉMIE

BRUXELLES

HAYEZ, IMPRIMEUR DE L'ACADÉMIE ROYALE DE BELGIQUE

112, Rue de Louvain, 112

1919

INTRODUCTION

La guerre a fait apparaître d'une façon péremptoire les liens étroits qui unissent la Science au développement économique et industriel des Nations et, dans cet ordre d'idées, elle a donné naissance, dans les grands pays, à des organismes de recherches qui devront être maintenus et même développés dans tous les domaines pendant la paix. Telle est l'origine des *Conseils nationaux de Recherches*.

D'autre part, les États alliés et associés, qui avaient si utilement groupé leurs efforts intellectuels durant la guerre, ont compris la nécessité de poursuivre cette coopération après la cessation des hostilités. Ils ont ainsi été amenés à fonder un *Conseil international de Recherches*, organisme centralisateur des Conseils nationaux des pays associés.

Aux Conférences des Académies scientifiques interalliées tenues à Londres et à Paris en 1918, il avait été décidé de dénoncer les Conventions relatives aux Associations intellectuelles internationales existantes, qui comptaient, parmi leurs membres, des ressortissants des États avec lesquels nous étions en guerre. Toutefois, cette dénonciation comportait implicitement l'obligation pour nous de fonder une série d'organismes intellectuels internationaux, remplaçant ceux qu'on allait dissoudre.

Une nouvelle Conférence des Académies scientifiques inter-alliées fut en conséquence convoquée à Bruxelles, où elle tint ses assises, du 18 au 28 juillet 1919, au Palais des Académies, et réunit des représentants de la Belgique, du Canada, des États-Unis d'Amérique, de la France, du Royaume-Uni de Grande-Bretagne et d'Irlande, de l'Italie, du Japon, de la Nouvelle-Zélande, de la Pologne, du Portugal, de la Roumanie et de la Serbie.

Dans les pages qui suivent, nous donnons un compte rendu des travaux de cette Conférence. Nous nous sommes, à cette occasion, largement inspirés des procès-verbaux élaborés par les Secrétaires des diverses Commissions qui ont été instituées par la Conférence.

Bruxelles, le 2 août 1919.

CONSEIL INTERNATIONAL DE RECHERCHES

ASSEMBLÉE CONSTITUTIVE

TENUE

au Palais des Académies, à Bruxelles, du 18 au 28 juillet 1919

COMPTE RENDU

présenté à l'Académie royale des sciences, des lettres et des beaux-arts de Belgique

PAR

MM. PELSENEER, SWARTS ET LECOINTE, Membres de l'Académie.

Séances plénières.

La séance plénière d'inauguration, tenue le 18 juillet à 10 heures, est honorée de la présence de S. M. le Roi des Belges.

Elle est présidée par M. Gravis, Vice-Directeur de la Classe des sciences de l'Académie royale de Belgique, ayant à ses côtés : M. Harmignie, Ministre des Sciences et des Arts, les membres du Comité exécutif provisoire du Conseil international de Recherches (M. Lacroix, remplaçant M. Picard empêché, M. Schuster, M. Volterra, M. Campbell, remplaçant M. Hale empêché, et M. Lecointe), MM. Pelseneer, Swarts et Stroobant, membres de la Commission d'organisation belge, et M. Le Nain, Secrétaire perpétuel ff. de l'Académie royale de Belgique.

M. le Ministre Harmignie prononce le discours reproduit dans l'annexe I du présent compte rendu.

M. Gravis donne lecture du discours constituant l'annexe II et M. Lacroix s'exprime ensuite dans les termes relatés dans l'annexe III.

La séance est suspendue ; S. M. le Roi et M. le Ministre des Sciences et des Arts se retirent. La séance est ensuite reprise et M. Schuster lit le rapport présenté par le Comité exécutif provisoire. Ce document ne donne lieu à aucune remarque.

Au cours de la seconde séance plénière, tenue le 19 juillet, M. le Président Lacroix donne lecture d'un télégramme de M. Egenitis regrettant que la Grèce n'ait pu envoyer de délégué, la convocation lui étant parvenue trop tard. L'Assemblée discute ensuite le projet de Statuts pour le Conseil international de Recherches qui lui a été présenté par le Comité exécutif provisoire.

A l'Assemblée plénière suivante, qui a lieu le 22 juillet, M. le Président Lacroix communique le texte de télégrammes qu'il a adressés à S. M. le Roi des Belges et au Ministre des Sciences et des Arts, à l'occasion de l'ouverture des fêtes nationales belges. Il donne ensuite lecture de la dépêche envoyée par M. Gravis, Vice-Directeur de la Classe des sciences de l'Académie royale de Belgique, à M. Poincaré, Président de la République française, qui vient d'arriver à Bruxelles. Il fait part de la réponse qui lui a été adressée par le Ministre des Sciences et des Arts de Belgique (¹) et d'un télégramme de M. Marconi regrettant de ne pouvoir assister à la réunion, ses devoirs de délégué italien près la Conférence de la Paix le retenant à

(¹) Les réponses aux autres télégrammes parvinrent après la clôture de la Session.

Paris. M. Natanson expose les difficultés que la Pologne subira pendant un certain temps encore, et qui rendront difficile son adhésion immédiate aux organismes en voie de constitution. La suite à donner aux propositions de M. Natanson est réservée.

L'Assemblée poursuit ensuite la discussion sur les articles du projet de statuts pour le Conseil international de Recherches.

La séance plénière suivante a lieu le 25 juillet sous la présidence de M. Lacroix, qui donne lecture :

1° D'un télégramme de M. Paul Otlet, secrétaire général de l'Union des Associations internationales, souhaitant l'heureux achèvement des travaux de la Conférence et exprimant le vœu qu'une coopération puisse s'établir entre le Conseil international de Recherches et l'Union des Associations internationales, dans le cadre nouveau créé par la Société des Nations ;

2° D'une proposition présentée par plusieurs membres, en vue de procéder à la constitution d'une Commission chargée d'étudier la possibilité, pour l'avenir, d'adopter une langue auxiliaire internationale. Cette proposition est prise en considération et les signataires de la motion sont désignés comme membres de cette Commission. (MM. Cottrell, Littlehales, Moureu, Nasini, Otlet, Parsons, Pennie, Tanakadate, Washburn.)

L'Assemblée poursuit la discussion sur les articles des statuts du Conseil international de Recherches non encore adoptés. Le texte des articles 7 et 8 est provisoirement admis avec le codicile suivant :

« Le Comité exécutif présentera à la prochaine Assemblée
» générale, un rapport exposant les résultats de l'étude à
» laquelle il se sera livré sur la manière de composer définiti-

» vement le Comité exécutif prévu à l'article 7 des statuts
» (nombre de membres, etc.).
» La Convention sera éventuellement modifiée en consé-
» quence. »

Au nom du Comité exécutif provisoire, M. le Président propose l'adoption de l'article additionnel suivant :

« Le siège légal du Conseil international de Recherches est
» fixé à Bruxelles, où se tiendront les Assemblées générales et
» où seront conservées les archives.
» Les dons et legs seront reçus et gérés suivant la législation
» belge. »

M. Schuster appuie, en anglais et en français, cette proposition et en explique la portée.

La proposition de M. Lacroix est soumise à un vote par pays ;
elle est adoptée à l'unanimité et il est entendu qu'elle ne comporte nullement l'obligation implicite de désigner un Secrétaire
général habitant Bruxelles.

L'Assemblée de clôture se tient le **28** juillet à 10 heures. Elle
débute par la lecture d'une lettre du Ministre des Sciences et
des Arts de Belgique remerciant la Conférence de l'honneur
qu'elle a fait à la Belgique en décidant d'établir à Bruxelles le
siège légal du Conseil international de Recherches.

Les délégués votent ensuite à l'unanimité, après discussion,
la décision suivante :

« L'Assemblée constitutive du Conseil international de
» Recherches ;
» Sur la proposition du Comité exécutif provisoire ;
» Vu les conditions exigées des pays désireux de faire partie
» du Conseil international de Recherches et des divers orga-
» nismes intellectuels internationaux qui y sont rattachés ;

» Décide d'inviter dès à présent les pays mentionnés ci-après
» à faire partie du Conseil international de Recherches et des
» organismes intellectuels précités : la Chine, le Siam, la
» Tchéco-Slovaquie, l'Argentine, le Chili, le Danemark, l'Es-
» pagne, le Mexique, la Principauté de Monaco, la Norvège,
» les Pays-Bas, la Suède et la Suisse. »

Le Président avait, préalablement au vote, donné lecture
d'une lettre, en date du 25 juillet 1919, par laquelle M. Dendy,
délégué de la Nouvelle-Zélande, émettait un vote favorable à la
proposition dont il s'agit.

La Conférence procède ensuite à l'élection du Comité exécutif
dont le mandat cessera, à titre exceptionnel, à la fin de la prochaine Assemblée générale.

M. Campbell propose de réélire les cinq membres sortants,
en maintenant la présidence du Comité à M. Picard et le Secrétariat général à M. Schuster.

Il est procédé à un vote par pays ; la proposition est admise
à l'unanimité.

Le Président résume ensuite la procédure qui sera suivie pour
la présentation des conclusions de la Conférence aux organismes
intéressés.

Le Comité exécutif sollicitera tout d'abord l'adhésion, au
Conseil international de Recherches, des nations alliées ainsi que
des pays que la Conférence a décidé d'inviter à y participer.

Ce Conseil sera considéré comme définitivement constitué
quand l'adhésion de trois des grands pays fondateurs aura été
acquise.

Le Comité exécutif procédera en même temps à la coordination et à la revision des divers rapports et projets de statuts
élaborés au cours de la Conférence. Il saisira ensuite les organismes compétents des États fondateurs des projets que l'on peut
considérer comme définitifs et y demandera leur adhésion. Il

communiquera enfin à ces organismes les propositions au sujet desquelles des décisions de principe n'ont pas encore été admises.

Cette procédure est adoptée.

M. le général Thayer dépose la motion suivante qu'il commente en termes élevés :

« Le Conseil international de Recherches exprime sa pro-
» fonde sympathie pour les hommes de science russes et formule
» l'espoir que dans un avenir prochain, ils collaboreront à ses
» travaux. »

Le Président propose l'envoi du télégramme ci-après :

« M. George Hale, directeur de l'Observatoire Mont Wilson,
» Pasadena-Californie. A l'illustre astronome initiateur du Con-
» seil international de Recherches, le Congrès réuni à Bruxelles
» exprime son admiration et sa reconnaissance.

» (S.) Lacroix, président ([1]). »

Ces deux motions sont admises à l'unanimité.

Le Président donne lecture des vœux qui sont mentionnés dans l'annexe VI et qui sont pris en considération.

M. Flahault rappelle que l'ouverture des cours de l'Université de Strasbourg, sous le régime français, a eu lieu le 15 janvier 1919 et que son inauguration sera célébrée solennellement le 11 ou le 22 novembre 1919. Il invite les hommes de science, ayant pris part aux Conférences interalliées de Londres, de Paris et de Bruxelles, à honorer ces fêtes de leur présence.

([1]) La réponse de M. G. Hale est parvenue à Bruxelles après la clôture de la Session.

M. le Président lit alors le discours reproduit dans l'annexe IV.

M. Volterra adresse de chaleureux remerciements à M. Lacroix qui, pour présider les travaux de la Conférence, a mis à sa disposition ses remarquables facultés intellectuelles et sa grande aménité.

M. Pelseneer, enfin, prononce le discours de clôture figurant comme annexe V.

On trouvera ci-après les documents suivants :

Annexe VII. — *Ordre du jour de l'Assemblée;*
Annexe VIII. — *Composition des délégations;*
Annexe IX. — *Statuts du Conseil international de Recherches.*

Nous jugeons inopportun de reproduire les rapports suivants qui ont été imprimés et distribués aux membres de la Conférence :

Rapport du Comité exécutif provisoire;
Report of the Executive committee;
Report of the International Union for co-operation in Solar Research, by Arthur Schuster;
Astronomical Ephemerides, by Sir F. W. Dyson;
Centralisation des télégrammes astronomiques, par B. Baillaud;
Rapport concluant à une nouvelle réunion de la Conférence des Éphémérides, par B. Baillaud;
Entreprise internationale de la Carte photographique du Ciel, par B. Baillaud;
Union internationale de l'Heure et des Longitudes, par B. Baillaud;
Rapport sur la publication d'un recueil donnant connaissance le plus rapidement possible des travaux d'ordre astronomique, par G. Bigourdan;

Lettre de M. Yves Delage relative à la Station biologique de Roscoff et à l'Année biologique ;

Rapport de la Fédération française des Sociétés des Sciences naturelles (Bulletins de documentation) ;

L'organisation de la documentation en matière technique et industrielle, par P. Otlet;

La Documentation en matière de Brevets, par P. Otlet ;

Le Brevet international et les conditions de sa réalisation, par D. Marits ;

L'opportunité de créer une Commission internationale de standardisation, par G.-L. Gérard ;

Liste des recueils bibliographiques des sciences mathématiques, physiques, chimiques et naturelles, par J. Massart (¹).

(¹) Extrait des *Bull. de l'Acad. roy. de Belgique* (Classe des sciences), n° 4, pp. 237-248, 1919.

SÉANCES SPÉCIALES

A. — Union Astronomique internationale.

Les séances sont présidées par **M.** Lecointe. **M.** Van Biesbroeck remplit les fonctions de Secrétaire.

L'Assemblée arrête, après discussion, les statuts constituant l'annexe X. Elle procède à la nomination des Présidents et des membres des Commissions astronomiques dont elle juge la création immédiate opportune (voir annexe XI).

Sur la proposition des Commissions de l'Heure et des Télégrammes astronomiques, les règlements d'ordre intérieur formant les annexes XII et XIII du présent compte rendu sont adoptés.

L'Assemblée reçoit communication :

1° D'une lettre de la Société d'encouragement pour l'industrie nationale, ayant son siège rue de Rennes, 44, à Paris, relative à la Réforme des calendriers (transmise à **M.** Bigourdan).

2° De deux lettres de **M.** Banachiewicz, Directeur de l'Observatoire astronomique de Cracovie, qui offre de collaborer aux travaux de l'Union, en effectuant des calculs jusqu'à ce que son établissement soit doté d'installations permettant de procéder à des observations.

L'Assemblée compose ensuite comme suit son Comité exécutif :

Président : M. B. Baillaud.
Vice-Présidents : MM. Campbell, Dyson, Lecointe et Riccò.
Secrétaire général : M. Fowler.

M. Riccò exprime le désir que la prochaine Assemblée générale de l'Union astronomique se tienne à Rome. Il confirmera cette invitation après en avoir obtenu l'autorisation de son Gouvernement.

M. Newall offre gracieusement que cette Assemblée soit réunie à Cambridge, dans le cas où elle ne pourrait avoir lieu en Italie. M. Baillaud prononce ensuite le discours reproduit dans l'annexe XIV et M. Schlesinger remercie le Gouvernement ainsi que la ville de Bruxelles de l'accueil qui a été fait aux astronomes. L'Assemblée partage ses sentiments.

Les principes, devant servir de base à l'établissement des statuts de l'Union Astronomique internationale, ayant fait l'objet d'un examen de la part des membres de la Conférence des Académies interalliées de Paris, et ensuite du Comité exécutif provisoire du Conseil international de Recherches, enfin, ayant donné lieu à l'élaboration d'un projet transmis en temps opportun aux Académies intéressées, les Statuts arrêtés pour cette Union à la Conférence de Bruxelles doivent être considérés comme définitifs.

B. — Union Géodésique et Géophysique internationale.

Les séances sont présidées par M. Ch. Lallemand. M. Schuster remplit les fonctions de Secrétaire.

L'Assemblée arrête, après discussion, les statuts constituant l'annexe XV. Elle procède à l'élection des membres de son Comité exécutif qui est composé comme suit :

Président : M. CHARLES LALLEMAND.
Secrétaire général : M. le colonel LYONS.
Comme suite aux statuts de l'Association, les Présidents des Sections mentionnées ci-après sont *Vice-Présidents* de l'Union (M. le major BOWIE, Sir NAPIER SHAW, M. TANAKADATE, S. A. S. le PRINCE DE MONACO).

Les mêmes considérations que celles émises *in fine* pour l'Union astronomique s'appliquent à l'Union Géodésique et Géophysique internationale dont les statuts doivent être, en conséquence, considérés également comme définitifs.

a) Section de Géodésie.

Elle est présidée par le major Bowie et compose comme suit son Comité exécutif :

Président : M. le major BOWIE.
Vice-Président : M. REINA.
Secrétaire : M. le colonel PERRIER.
Cette dernière nomination est faite sous réserve d'acceptation par l'intéressé.

Conformément à une tradition ayant donné des résultats satisfaisants dans l'ancienne Association géodésique internationale, la Section confère à son Bureau le soin de désigner des Géodésiens particulièrement qualifiés, pour présenter, à la prochaine Assemblée générale, des rapports sur les différentes branches de la Géodésie. Ces rapporteurs sont autorisés à entrer en relations directes avec les institutions scientifiques et les savants des pays susceptibles de faire partie de l'Union. La désignation des rapporteurs est toutefois ajournée jusqu'au moment où certains pays neutres seront considérés comme ayant eu le temps d'accepter l'invitation qui leur sera faite, d'adhérer au Conseil international de Recherches et aux organismes scientifiques y rattachés.

M. Maury fait une communication sur les travaux de triangulation exécutés en Belgique et surtout en Afrique.

M. le colonel Bellot exprime le vœu que l'on mette à l'ordre du jour la question de l'unification des ellipsoïdes.

M. le major Bowie propose que, pour le calcul des chaînes principales de triangulation de chaque Continent, on fixe un point central comme origine. Il fait ensuite une courte description d'un appareil extrêmement sensible, construit par M. le professeur Michelson, sur le principe du niveau d'eau et de la méthode des interférences, destiné à mettre en évidence les marées de l'écorce terrestre.

M. Tanakadate propose que le problème des marées de l'écorce terrestre rentre dans ceux dont l'étude est confiée à la Section.

M. Reina demande si, à la suite du transfert à l'Union astronomique du problème de la variation des latitudes, la Commission géodésique italienne devra continuer à assurer le fonctionnement de la Station astronomique de Carloforte. La Section décide qu'une Commission mixte, composée d'astronomes et de géodésiens, résoudra la question.

La Section évalue à 1,000 francs le montant de la part contributive unitaire qui lui est utile.

b) **Section de Sismologie.**

L'ancienne Association internationale de Sismologie subsiste virtuellement encore. Son Président, le prince Galitzine, étant mort, son Vice-Président, M. Lecointe, s'efforcera d'obtenir, par les voies légales, dans le plus bref délai possible, la dénonciation de la Convention qui lui sert de Statut fondamental.

En attendant qu'il en soit ainsi, la Station de Strasbourg

continuera à fonctionner comme Bureau central international sous la direction de son chef actuel M. Rothé.

La Section évalue à 400 francs le montant de la part contributive unitaire qui lui est utile.

c) Section de Météorologie.

Elle compose comme il suit son Bureau :

Président : Sir Napier Shaw.

Vice-Président : M. Angot.

Secrétaire : M. Marvin.

La Section adopte à l'unanimité les résolutions suivantes :

1° L'Union astronomique sera priée d'ajouter à la liste des membres de la Commission pour l'étude des radiations solaires, les noms de trois représentants de la Section météorologique ;

2° Un Comité sera constitué pour réunir la documentation concernant les différents instruments en usage ou récemment mis en usage pour la mesure de la température, de l'hygrométricité, de la pression atmosphérique et de la vitesse du vent dans les hautes couches de l'atmosphère.

Un représentant de chacun des pays adhérents à l'Union fera partie de cette Commission ;

3° Les travaux relatifs à l'électricité atmosphérique seront placés sous la direction d'une Commission nommée en partie par la Section de Météorologie et en partie par la Section de Magnétisme et d'Électricité terrestres.

M. C. T. R. Wilson présidera cette Commission ;

4° La Section évalue à 400 francs le montant de la part contributive unitaire qui lui est utile.

d) **Section de Magnétisme et d'Électricité terrestres.**

Les séances ont lieu sous la présidence de M. Tanakadate.

M. Chree donne un aperçu du fonctionnement de l'ancienne Commission internationale du Magnétisme terrestre.

La Section décide :

I. De nommer une Commission pour l'étude de la meilleure méthode :

1° De comparaison des instruments magnétiques en usage dans les différents pays ;

2° De détermination des valeurs absolues des éléments magnétiques ;

II. De placer les recherches relatives à l'électricité atmosphérique sous la direction d'une Commission désignée en partie par la Section de Météorologie et en partie par la Section de Magnétisme et d'Électricité terrestres ;

III. De coopérer avec l'Union internationale de Radiotélégraphie scientifique aux investigations concernant les phénomènes électriques de la haute atmosphère ;

IV. De nommer une Commission chargée de l'échange systématique des courbes magnétiques ;

V. De désigner une Commission spéciale qui, périodiquement, étudiera les problèmes essentiels relatifs au magnétisme et à l'électricité terrestres et présentera des rapports sur ces questions ;

VI. De coopérer avec l'Union astronomique internationale aux investigations sur les relations existant entre les phénomènes solaires, du magnétisme et de l'électricité terrestres ;

VII. De conférer au Comité exécutif le droit de s'adjoindre par cooptation d'autres membres qui demeureront en fonctions jusqu'à la prochaine Assemblée générale ;

VIII. D'entrer en relation avec les autres Comités de Sections et de faire rapport au Secrétaire général de l'Union au sujet des fonds qui lui seront nécessaires durant la première période de la Convention. Une évaluation approximative fixe à 400 francs le montant de la part contributive unitaire utile à la Section.

La Section émet ensuite l'avis qu'il y a lieu de différer l'organisation complète des Commissions jusqu'à ce que les pays nouvellement invités à faire partie du Conseil international de Recherches et des Unions qui y sont rattachées aient pu faire parvenir leur adhésion à l'Union géodésique et géophysique internationale.

L'Assemblée compose comme il suit son Comité exécutif :

Président : M. Tanakadate.
Vice-Président : M. Chree, Charles.
Secrétaire : M. Bauer, Louis-A.

e) Section d'Océanographie physique.

Les séances sont présidées par M. Lamb.
Elle constitue son Bureau comme il suit :

Président : S. A. S. le prince de Monaco.
Vice-Président : M. Lamb.
Secrétaire : M. Magrini.

Le Comité exécutif de la Section comprendra, outre les membres du Bureau qui viennent d'être désignés : MM. Charles Close et M. G. W. Littlehales ; il se complètera éventuellement par cooptation.

Une Commission, sous la présidence de M. Lamb et dont le

Secrétaire sera **M. J.** Proudman, étudiera les questions relatives aux problèmes des Marées.

La Section évalue à 400 francs le montant de la part contributive unitaire qui lui est actuellement utile.

f) Section de Vulcanologie.

Les membres compétents en la matière étant peu nombreux, ceux-ci se sont bornés à décider la création, en principe, d'une Section de Vulcanologie et à formuler, comme il est dit ci-après, les buts à poursuivre par cette Section :

1° Faciliter et coordonner les relations entre les savants étudiant les phénomènes volcaniques et les phénomènes connexes, notamment en ce qui concerne les éruptions ;

2° Provoquer des études systématiques sur le dynamisme des volcans et sur la constitution de leurs produits considérés tant au point de vue chimique que physique ;

3° Provoquer la création de laboratoires nationaux au voisinage des grands volcans actifs ;

4° Encourager toute recherche concernant le volcanisme dans l'espace et dans le temps ;

5° Créer une publication périodique consacrée aux questions du ressort de l'Union et à la bibliographie.

C. — Union internationale de la Chimie pure et appliquée.

Le fauteuil de la présidence est occupé par M. A. Haller.
M. Donny-Hénault remplit les fonctions de Secrétaire.

M. Haller rappelle à grands traits l'histoire de l'Association internationale des Sociétés chimiques, fondée à Paris en 1907.

Il donne ensuite lecture de la lettre par laquelle, sous forme consultative, il proposa, d'une part, la dissolution de l'Association et, d'autre part, la remise à leur généreux donateur, des fonds mis à la disposition de l'Association par M. Ernest Solvay.

Sept sociétés ont adhéré sans réserve aux deux propositions, deux regrettent la dissolution mais acceptent la remise des fonds au donateur; une société a répondu négativement aux deux propositions.

En 1918, les Académies scientifiques interalliées avaient émis le vœu de voir s'établir une coopération internationale en Chimie. Depuis lors, un fait nouveau s'est produit : la création d'une Fédération des Sociétés de Chimie pure et appliquée des divers pays, à laquelle ont adhéré déjà l'Angleterre, la France, les États-Unis d'Amérique, l'Italie et la Belgique.

En une réunion qui vient d'avoir lieu à Londres (du 14 au 19 juillet), les délégués de ces divers pays ont élaboré des Statuts qu'ils apportent à Bruxelles afin de les mettre en harmonie avec les vœux émis par le Conseil international de Recherches en voie de constitution.

Sur la proposition de M. Washburn, une Sous-Commission est constituée en vue de procéder à l'examen des Statuts dans cet ordre d'idées.

Après que cette Sous-Commission eût fait connaître ses conclusions, les Statuts qui constituent l'annexe XVI du présent compte rendu furent adoptés.

Les mêmes considérations que celles émises *in fine* pour la Section d'Astronomie s'appliquent à l'Union internationale de la Chimie pure et appliquée dont les Statuts doivent être, en conséquence, considérés comme définitifs.

Avant de se séparer, l'Union constitue comme il suit son Bureau :

Président : M. Ch. Moureu.

Vice-Présidents : MM. Chavanne, Parodi-Delfino, Dr Parsons, Sir William Pope.

Secrétaire général : M. J. Gérard.

D. – Union internationale de Radiotélégraphie scientifique.

Les séances sont présidées par M. Schuster.

M. le commandant Philippson remplit les fonctions de Secrétaire.

M. le major Wibier rappelle qu'il a été créé à Bruxelles, en 1913, par un groupe de physiciens et de spécialistes de la radiotélégraphie, une Commission internationale de télégraphie sans fil scientifique, à laquelle étaient rattachés des Comités nationaux privés, fondés dans divers pays et notamment en Angleterre, en Belgique et en France. Cette Commission avait déjà exécuté avant la guerre des études et des expériences intéressantes Elle dispose encore d'une somme de 40,000 francs environ, reliquat d'un don de M. R. Goldschmidt.

La proposition faite par la délégation belge, au sujet de la transformation de cette commission en association rattachée au Conseil international de Recherches, est adoptée à l'unanimité.

Les statuts de cette Union figurent comme annexe XVII au présent compte rendu ; ils peuvent être considérés comme définitifs, attendu qu'ils remplacent une Convention analogue existant avant la guerre.

Le Bureau de cette Union a été composé comme il suit :
Président : le général Ferrié ;
Vice-Présidents : MM. Austin, Eccles et Vanni ;
Secrétaire général : M. R. Goldschmidt.
L'Assemblée décide enfin que le siège de l'Union sera établi à Bruxelles.

E. – Union internationale de Mathématiciens.

Les séances sont présidées par M. de la Vallée Poussin.
M. De Donder remplit les fonctions de Secrétaire.

L'Assemblée arrête à l'unanimité le projet de statuts figurant comme annexe XVIII au présent compte rendu.

Elle émet le vœu de voir convoquer, en septembre 1920, un Congrès international de Mathématiciens; M. Koenigs espère qu'il sera possible de réunir ce Congrès à Strasbourg. Cette proposition rencontre l'assentiment unanime.

Comme suite au paragraphe *d* de l'article premier du projet de statuts, l'Assemblée émet le vœu que les auteurs de mémoires ou de traités de mathématiques envoient, immédiatement après la publication de leurs travaux, des résumés de ceux-ci à un organisme destiné à centraliser et à coordonner tous ces résumés bibliographiques; cet organisme serait fixé à Paris, ou dans un autre centre scientifique, et se rattacherait, autant que possible, à un organisme similaire déjà existant.

Les délégués présents se constituent ensuite en *Comité provisoire* de l'Union internationale de Mathématiciens. Le Bureau de ce Comité est composé comme il suit :

Présidents d'honneur : MM. Lamb, Picard et Volterra;
Président : M. de la Vallée Poussin;
Vice-Président : M. Joung;
Secrétaires : MM. De Donder, Koenigs, Petrovitch et Reina.

Les autres délégués du Comité provisoire sont :
MM. Demoulin, De Ruyts, Glaisher, Parenty et Stuyvaert.

F. — Union internationale de Physique.

Les diverses séances sont présidées successivement par MM. Schuster, le général Ferrié, Deslandres, le sénateur Volterra et Lees.

Les fonctions de Secrétaire sont remplies par M. Van Aubel secondé par M. Verschaffelt.

Il a été décidé qu'après la réunion, on poursuivra par écrit les échanges de vues sur diverses questions qui feront l'objet d'un rapport complémentaire. Celui-ci sera élaboré par les soins de M. Van Aubel, Secrétaire général provisoire, avant l'ouverture du Congrès de Physique et soumis au Comité exécutif du Conseil international de Recherches.

Vu le petit nombre de physiciens présents et l'insuffisance de la représentation de plusieurs pays, l'Assemblée décide de se borner à élaborer le projet de Statuts qui figure comme annexe XIX au présent compte rendu, à formuler quelques propositions et à émettre des vœux.

Les physiciens présents souhaitent voir se réunir, en 1920, un Congrès international de Physique, et ils émettent le vœu que les *Tables annuelles de Constantes physiques*, publiées sous la direction du Dr Marie, continuent à paraître et que cette publication soit éventuellement subsidiée par l'Union.

Il serait désirable que, dans ces Tables annuelles, il se trouvât, après chaque série de Constantes se rapportant à un même objet, une liste très succincte des méthodes de mesure nouvelles. On demanderait aux auteurs des Mémoires de faire connaître en quelques lignes l'originalité de la méthode employée.

Il conviendrait de publier aussi des Tables critiques des Constantes physiques, comme le proposent la Société américaine de Physique et la Société américaine de Chimie.

Au point de vue de la documentation bibliographique, la réunion estime qu'il serait désirable : 1° qu'un projet de coopération fût élaboré par les *Science Abstracts*, le *Journal de Physique*, le *Radium* et d'autres organes publiant rapidement un index bibliographique et des résumés de travaux de physique ; 2° que des pourparlers fussent engagés entre la Société de Physique de Londres, la British Association for the Advancement of Science et d'autres organismes qui ont publié des rapports sur les progrès de la Physique.

Dans cet ordre d'idées, M. le sénateur Volterra rappelle que, dès le 23 octobre 1918, divers membres de la Société française de Physique se sont réunis spontanément pour examiner comment il serait possible d'organiser l'information, après la guerre, dans le domaine des sciences physiques. Les membres de cette réunion ont pensé aussi que la documentation doit être rapide et complète, qu'il importe d'éviter le plus possible les doubles emplois et qu'il y a donc lieu d'utiliser l'excellente organisation déjà existante des *Science Abstracts* mais de la modifier, s'il se peut, de manière à assurer la publication :

a) D'un index bibliographique paraissant tous les mois et mentionnant les titres des mémoires insérés dans les périodiques du monde entier ;

b) D'analyses détaillées de ces mémoires.

La revue projetée aurait aussi une édition française, confiée à la Société française de Physique, et éventuellement une édition italienne dont la publication serait assurée par les soins de la rédaction de *Il Nuovo Cimento*.

Les pourparlers engagés depuis cette époque permettent d'espérer que ce projet aboutira au résultat désiré.

Sur la proposition de M. Natanson, les physiciens ont émis le vœu qu'il soit créé un Office central d'échanges auquel on puisse s'adresser pour se procurer des tirés à part des travaux publiés dans les divers périodiques, des thèses de doctorat ou autres écrits scientifiques s'obtenant difficilement par l'intermédiaire de la librairie.

L'Assemblée s'occupe ensuite des questions relatives aux étalons, aux instruments de précision et aux méthodes de mesure.

Le laboratoire national de physique anglais de Teddington, le Bureau of Standards de Washington, le Laboratoire central d'Électricité de Paris et, surtout, le Bureau international des Poids et Mesures de Sèvres publient d'importants mémoires relatifs aux étalons électriques, aux étalons de lumière et aux questions de météorologie. Ces travaux qui intéressent tous les physiciens, ne sont réunis dans aucune revue spéciale et sont trop peu connus.

Une publication spéciale, à créer, devrait être l'organe des laboratoires précités, ainsi que du Laboratoire national de Physique projeté en France et de ceux qu'on a l'intention de fonder en Italie, au Japon et dans d'autres pays encore. Cette revue publierait aussi des travaux relatifs aux instruments de précision, ce qui permettrait de montrer le degré de perfection auquel on est parvenu dans les pays alliés pour ce genre de construction.

La collaboration entre les divers Laboratoires et Instituts occupe après cela les membres de la réunion.

Certains laboratoires possèdent des installations spéciales qui ont absorbé des subsides considérables et, surtout, ont nécessité de longues études pour être réalisés. On peut citer le laboratoire cryogénique de l'Université de Leyde, réalisé à la suite des recherches de Kamerlingh-Onnes, et les travaux des physiciens français MM. Weiss, Cotton, Deslandres et Perot pour l'obtention des champs magnétiques intenses.

Il serait désirable que les physiciens fussent renseignés régulièrement :

1° Sur les installations spéciales existant dans les pays alliés et qui pourraient être mises à la disposition de savants étrangers ;

2° Sur les recherches en cours dans ces laboratoires, pour lesquelles il serait agréable aux directeurs d'avoir des collaborateurs, assistants ou jeunes docteurs.

Enfin, l'Assemblée estime qu'en vue de favoriser le développement de l'enseignement supérieur de la Physique, une revue déjà existante devrait publier des indications sur les leçons professées par les savants et sur leurs recherches, ainsi que sur les débouchés que pourraient trouver les travailleurs consacrant leur activité au culte désintéressé de la Science.

G. — Union internationale des Sciences Biologiques.

Les séances sont présidées en partie par M. Gravis et en partie par M. Yves Delage. M. Flahault remplit les fonctions de Secrétaire.

L'Assemblée décide tout d'abord de ne former qu'une seule Union groupant à la fois les biologistes et les médecins; puis elle arrête, après discussion, le projet de Statuts qui figure comme annexe XX au présent compte rendu.

Elle constitue ensuite comme il suit le Bureau provisoire de l'Union :
Président : M. Yves Delage.
Vice-Président : M. Bateson.
Secrétaire général : M. Flahault.

En ce qui concerne la bibliographie et la documentation, le vœu suivant est adopté à l'unanimité :

« Il est désirable d'assurer l'existence, pour chacune des » sciences biologiques, de deux publications périodiques de » documentation bibliographique :
» 1° L'une paraissant au moins chaque année (Année biolo-» gique, Annuaire botanique, etc.), donnant les titres et analyses » des travaux parus dans le courant de l'année précédente et » classés méthodiquement par matière ;
» 2° L'autre paraissant à courte périodicité (Bulletin,

» Abstracts, etc.), donnant, dans l'ordre chronologique de leur
» apparition, les titres de toutes les publications avec ou sans
» analyse très sommaire.

» Il est entendu qu'on cherchera à utiliser les périodiques
» existants et répondant déjà aux buts poursuivis. »

Les vœux suivants sont également adoptés à l'unanimité :

1. — Sur la proposition de M. Yves Delage :
« Il serait désirable que les Nations interalliées fussent toutes
» représentées, par la location de tables, à la Station biolo-
» gique de Roscoff. »

2. — Sur la proposition de M. Yves Delage :
« L'Union devrait octroyer une subvention annuelle de
» 24,000 francs en vue d'assurer la continuité de la publication
» de l'*Année biologique*. »

3. — Sur la proposition de M. Massart :
« Il serait désirable de voir créer en Afrique équatoriale un
» Institut international de Biologie. »

L'Assemblée procède à la constitution des Sections prévues
par les Statuts; chacune d'elles s'efforce, à son tour, de constituer un Bureau qui puisse, dès maintenant, faire des démarches
et préparer le travail de l'avenir.

Dans une séance postérieure, les délégués procèdent à un
classement des périodiques bibliographiques au point de vue de
l'emploi des ressources. Il est décidé que :
1° Dans chacune des six Sections, les périodiques à courte
périodicité seront subventionnés de préférence aux périodiques
annuels;
2° Dans chacune de ces deux catégories, ceux qui existent
déjà seront subventionnés de préférence aux périodiques à créer.
Quant aux subventions qui seraient éventuellement obtenues

pour les laboratoires de Biologie, elles seront réparties par une Commission composée de MM. Dendy, Joubin et Massart.

L'Assemblée décide enfin que l'Union des Sciences biologiques se réunira, dans trois ans, à Bruxelles, à la même époque que le Conseil international de Recherches. Si toutefois, une réunion était nécessaire à une date antérieure, le Bureau déciderait quand elle aurait lieu, et, dans ce cas encore, Bruxelles aurait la préférence.

La part contributive unitaire pour la première période triennale est fixée à 4,600 francs.

a) Section de Biologie générale.

Président : M. SHERRINGTON.

Secrétaire : M. BRACHET.

Membres : MM. BATESON, BORDET, DELAGE, DELEZENNE, DENDY, MARCHAL, MASSART et WILLEM.

b) Section de Physiologie.

Président : M. FREDERICQ.

Vice-Président : M. SHERRINGTON.

Secrétaire : M. DELEZENNE.

Membres : MM. BORDET, HÉGER, NOLF et WILLEM.

La Section estime qu'il y a lieu :

1° De s'entendre si possible avec les rédacteurs des *Physiological Abstracts* pour en faire l'organe de l'Union;

2° De créer, sous le titre d'*Année physiologique,* un périodique annuel donnant les analyses méthodiques des travaux importants et quelques revues concernant les questions ayant fait le plus de progrès durant l'année écoulée.

M. Fredericq accepte d'assurer la direction de ce nouveau périodique avec la collaboration du Bureau et des rédacteurs des *Physiological Abstracts*.

c) Section de Zoologie.

Président : M. Dendy.

Secrétaire : M. Pelseneer.

Membres : MM. Delage, Gilson, Joubin, Lameere, Roule et Willem.

La Section émet les vœux :

1° De voir soutenir : a) La *Bibliographica Zoologica*, éditée par le *Concilium Bibliographicum* sous la direction de M. Field, à Zurich, périodique bimensuel publiant les titres des travaux sans analyse; b) Le *Zoological Record*, édité par la « Royal Society of London », périodique annuel publiant les titres des travaux avec une analyse très courte et énumérant toutes les espèces nouvelles;

2° De voir créer un périodique zoologique annuel analogue à l'Année biologique.

d) Section de Botanique.

Président : M. Flahault.

Vice-Président : M. Gravis.

Secrétaire : M. Massart.

Membres : M. Bateson, S. A. S. le prince Roland Bonaparte, MM. Marchal et Pirotte.

La Section émet le vœu de voir faire l'étude détaillée de la façon dont la végétation reprendra possession des territoires dévastés sur le front occidental et sur le front oriental.

Le Président et le Secrétaire sont chargés de se mettre en

rapport avec les éditeurs des *Botanical Abstracts* pour examiner si ce Bulletin bibliographique peut répondre aux desiderata exprimés par l'Union des sciences biologiques.

e) Section des Sciences médicales.

Président : M. Quenu.

Vice-Président : M. Thayer.

Secrétaire : M. Nolf.

Membres : MM. Bordet, Brachet, Chauffart, Delbet, Delezenne, Héger, Fredericq, Gilson, Hartmann et Sherrington.

La Section décide la création des Commissions suivantes : Médecine, Chirurgie, Obstétrique, Anatomie, Hygiène et Bactériologie (réunies). Cette énumération n'est pas limitative.

La Section des Sciences médicales reconnaissant les grands services rendus par l'*Index Medicus,* émet le vœu que cette publication devienne son organe de documentation bibliographique à périodicité courte.

Elle exprime le désir que chacune des branches importantes de la Science médicale soit dotée d'un organe de documentation bibliographique à périodicité longue (annuelle) donnant l'analyse de tous les travaux importants parus dans l'année et comprenant si possible des revues générales sur les questions d'actualité.

f) Section de Biologie appliquée.

Président (sera nommé ultérieurement).

Secrétaire : M. Marchal.

Membres : MM. Bateson, Damas, Delage, Dendy, Flahault, Fredericq, Gravis, Gilson, Joubin, Massart, Lameere, Pelseneer, Roule et Willem.

Pour la constitution définitive du Bureau, M. Marchal entrera en correspondance avec les savants susceptibles de faire partie de la Section.

Celle-ci comprendra en particulier : une Commission d'Océanographie biologique, une Commission de Protection de la Nature, et une Commission d'Agriculture.

g) Sous-Section d'Océanographie biologique.

Président : S. A. S. LE PRINCE DE MONACO ;

Vice-Président (sera désigné ultérieurement ; il appartiendra à la nation américaine) ;

Secrétaire : M. JOUBIN.

M. Schuster dit que le Gouvernement de la Grande-Bretagne l'a chargé d'annoncer son intention de convoquer prochainement à Londres une réunion destinée à réorganiser les travaux scientifiques pour l'étude biologique de l'Atlantique Nord et de la mer du Nord. La Commission de Copenhague pour l'étude de la Mer n'a pas cessé d'exister. Il faut prévoir que les États-Unis, le Canada et la France y entreront, ainsi que divers États neutres.

La Sous-Section adopte les résolutions suivantes :

« Les délégués au Conseil international de Recherches scien-
» tifiques, réunis à Bruxelles, s'intéressant à l'exploration bio-
» logique de l'océan Atlantique Nord et de la mer du Nord :
» 1° Prient le Secrétaire général du Conseil permanent pour
» l'exploration de la Mer, à Copenhague, de vouloir bien pro-
» poser à ce Conseil d'étendre le champ de ses recherches à
» l'Atlantique Nord et d'inviter les Pays alliés et neutres rive-

» rains de l'Atlantique Nord, qui n'y sont pas encore repré-
» sentés, à y prendre part ;
    » 2° Émettent le vœu que ce Conseil entre en relation,
» pour ses travaux, avec les organismes fondés par le Conseil
» international de Recherches ;
    » 3° Émettent le vœu de voir la France s'associer aux travaux
» de l'exploration de l'Atlantique Nord. »

H. — Union Géographique internationale.

Les séances sont présidées par M. le colonel Bellot.

M. Grandidier, rappelé à Paris, ne peut assister aux réunions ;
mais, sous la date du 24 juillet, il avait adressé au Secrétariat de
la Conférence une note détaillée exposant ses idées en vue de la
création d'une Union géographique internationale. Cette note
sert de base aux discussions qui conduisent à l'adoption du projet de statuts figurant comme annexe XXI au présent compte
rendu. Ce projet sera soumis aux organismes compétents des
pays adhérents au Conseil international de Recherches.

I. — Union Géologique internationale.

Les séances sont présidées par M. Lohest.

M. Fourmarier remplit les fonctions de Secrétaire. M. A. Renier
rappelle qu'aux derniers Congrès de Stockholm et de Toronto,
beaucoup de géologues avaient exprimé le regret de ce que le
Congrès international ne fût pas un organisme permanent ; il est
possible actuellement de réaliser ce désir en transformant l'organisme des Congrès géologiques en une Union rattachée au
Conseil international de Recherches.

Les délégués présents adoptent cette manière de voir et, comme conclusion, élaborent le projet de statuts pour une Union géologique internationale qui figure comme annexe XXII au présent compte rendu.

J. — Union internationale pour la Bibliographie et la Documentation.

Les séances se sont tenues sous la présidence de M. Otlet.

La Section a examiné les conclusions des divers rapports publiés et a conclu elle-même qu'il est désirable de voir ajouter, aux Unions faisant partie du Conseil international de Recherches, une Union pour la Bibliographie et la Documentation.

Celle-ci doit avoir pour objet la coordination des divers travaux entrepris par des organismes spécialisés et l'organisation de services qui nécessitent la coopération des divers pays et des diverses associations.

La responsabilité immédiate de l'organisation nationale de la documentation doit appartenir aux Conseils nationaux et celle de l'organisation par sciences, aux Unions et Associations internationales de chaque branche. L'Union elle-même doit agir en vue de coordonner l'organisation ; elle doit dresser le plan général des travaux et services, fixer le choix des méthodes, assurer l'exécution par un ensemble de conventions conclues avec les organismes les mieux qualifiés, former les collections centrales et en assumer la conservation.

La Section a accueilli dans ce sens la proposition de l'Institut international de Bibliographie d'être rattaché au Conseil international de Recherches et de voir son projet de statuts examiné dans une conférence spéciale, après qu'il aura été communiqué aux Unions internationales et aux Gouvernements.

Il a été spécialement insisté sur l'urgence de voir constituer, comme Commission de la nouvelle Union, un office international de documentation technique, doté des moyens de répondre aux besoins actuels de l'art de l'ingénieur et des diverses industries.

Les discussions ont porté en outre sur divers points qui ont été déclarés comme rentrant dans le cadre de la Bibliographie et de la Documentation, entendue au sens large du mot : bibliographie des titres des ouvrages, résumés, rapports sur les progrès de chaque science, nécessité pour chacune d'avoir un système rationnel de publications, établissement de bibliothèques internationales spéciales, organisation simplifiée des échanges et des prêts, organisation de l'enregistrement des nouveautés et découvertes scientifiques, disposition à prendre concernant l'emploi des langues et l'adoption d'une langue auxiliaire internationale, unification des figures, notations et diagrammes; examen des nouvelles méthodes d'impression qui facilitent la coopération et l'édition récapitulative.

K. — Union technique internationale.

Les séances sont présidées par M. Paul Otlet.
M. G.-L. Gérard remplit les fonctions de Secrétaire.

L'Assemblée,

Considérant les pertes d'ordre économique causées par la guerre;

Considérant que le progrès technique, envisagé sous son aspect le plus large, est appelé à constituer un des facteurs prépondérants du relèvement matériel des peuples ;

Considérant que ce progrès recevra son impulsion la plus vive si les nations alliées et associées mettent en commun leurs découvertes et les fruits de leur expérience sous une forme qui assure la diffusion des résultats, sans nuire aux initiatives personnelles et sans porter un préjudice injustifié aux situations légitimement acquises;

Estime qu'il y a lieu de créer d'urgence une *Union technique internationale* ayant pour objet de faire progresser l'étude et l'organisation des différentes branches de la Technique.

Entrent notamment dans l'objet de l'Union :

a) Tout ce qui concerne le développement des organismes techniques, leur coopération, la coordination de leurs activités, l'action en vue de provoquer la création des organismes nouveaux reconnus utiles et nécessaires; enfin, l'organisation de congrès;

b) La documentation technique sous toutes ses formes (publications, bibliographies, analyses, bibliothèques, etc.);

c) Tout ce qui concerne les recherches d'ordre technique, l'établissement de laboratoires nationaux ou internationaux, accessibles aux travailleurs de toutes nationalités, la répartition éventuelle du travail de recherche;

d) Toutes les autres questions communes aux divers domaines de la technique, tant au point de vue de leur étude qu'à celui de l'internationalisation reconnue utile, à savoir notamment : les poids et mesures, les unités, la standardisation, l'organisation du travail d'atelier, l'hygiène et la sécurité industrielles, la terminologie et la nomenclature, la législation dans ses rapports avec la technique de l'industrie, l'enseignement technique et professionnel; enfin, les questions économiques envisagées dans leur rapport avec la technique.

Les membres de l'Union seraient : les Associations internationales, constituées ou futures, à but technique spécial; les Associations nationales, non encore constituées internationalement, les Sections de la technique dans les Conseils nationaux de Recherches ou Institutions nationales similaires ; enfin, les personnalités ou groupements isolés pourront, à titre de membres correspondants, être mis à même de profiter des avantages attachés à la qualité de membre de l'Union.

L'Assemblée décide la création d'un Comité d'étude provisoire en vue de préparer un projet de statuts, lequel s'inspirera, dans son esprit et dans toutes les dispositions d'ordre général, des statuts du Conseil international de Recherches ; elle émet le vœu que ce Comité ait son siège à Bruxelles.

Ce Comité fera le nécessaire pour assurer, dans le plus bref délai possible, la constitution définitive de l'Union et pour obtenir une législation lui accordant la personnification civile.

Ce Comité provisoire est constitué comme il suit : MM. de Chardonnet, Fantolli, Otlet et Gustave-L. Gérard.

Ces membres pourront s'adjoindre ultérieurement par cooptation des personnalités propres à représenter les autres pays intéressés.

L'Assemblée entend les conclusions du rapport de M. Gérard sur la Standardisation. Elle émet l'avis qu'il y a lieu de l'adopter et d'ouvrir des négociations en vue de constituer une Union internationale de Standardisation rattachée à l'Union technique internationale.

L'Assemblée prend enfin acte du rapport de M. Otlet sur la documentation technique et en adopte en principe les conclusions tendant à la création d'un Institut international de documentation technique rattaché à l'Institut international de Bibliographie. Elle renvoie l'examen des détails de cette fondation à l'Union internationale pour la Bibliographie et la Documentation à laquelle ses membres seront invités à se joindre.

L. — **Brevets d'invention**.

La Section chargée de l'examen des questions générales d'ordre international relatives aux brevets — Président : M. Paul Otlet; Secrétaire rapporteur : M. Jean Hazée — a rejeté la proposition d'établir un brevet international et l'examen préalable obligatoire. Elle estime que le brevet international unique est actuellement irréalisable à cause de la trop grande diversité dans les législations des pays alliés et neutres et dans les raisons, d'ordre économique, qui en sont les causes déterminantes.

Mais, en vue de coordonner les efforts des inventeurs et des techniciens, et de leur éviter des pertes de temps et d'argent, il a été décidé d'établir un Bureau central de documentation en matière de brevets, chargé de rassembler et de coordonner toute la documentation en la matière, de délivrer une fiche documentaire internationale aux inventeurs qui en feront la demande, et de procéder à l'enregistrement international et à la publication internationale de leur brevet.

La résolution votée à l'unanimité, préconise « la reconnais-» sance internationale des brevets d'invention nationaux, moyen-» nant enregistrement international et publication internatio-» nale ».

Sur la proposition du délégué français, M. Vaunois, le vœu adopté à l'unanimité, a été formulé de voir établir ce Bureau central de documentation et d'enregistrement à Bruxelles, où fonctionne depuis longtemps l'Institut international de bibliographie, dont M. P. Otlet est le Secrétaire général.

Séance d'inauguration

DISCOURS DE M. HARMIGNIE
MINISTRE DES SCIENCES ET DES ARTS

SIRE,

MESDAMES, MESSIEURS,

C'est avec un sentiment très vif de joie et de gratitude qu'au nom du Gouvernement, j'ai l'honneur de souhaiter la plus cordiale bienvenue aux savants délégués près l'Assemblée constitutive du Conseil international de Recherches.

En acceptant l'invitation de la Classe des sciences de l'Académie royale de Belgique, vous avez, Messieurs, cédé à une impulsion généreuse de vos cœurs.

Au lendemain de l'horrible guerre qui a ensanglanté l'Europe et dont notre chère Patrie fut la première victime, vous avez voulu donner un témoignage de sympathie à notre petit pays, dont le peuple tout entier, serré autour de son Roi, si justement proclamé le Chevalier du Droit, repoussa la sommation du César félon par cette fière parole : « L'honneur le défend ! »

Aujourd'hui, l'Éternelle justice a vengé le droit violé.

Le despote est tombé. L'orgueilleuse Allemagne est vaincue.

Hier, Paris acclamait nos braves soldats invités à participer aux honneurs du triomphe que la France décernait à sa vaillante armée, à ses glorieux maréchaux, immortels artisans de la Victoire.

Demain, à notre tour, nous fêterons avec enthousiasme le

chef de l'État français venant, accompagné de ces glorieux héros, saluer nos Souverains bien-aimés et visiter la Belgique, fière de cet honneur.

Aujourd'hui, c'est à vous que nous tendons les mains, à vous les savants de tous les pays alliés de la Belgique qui venez y constituer le Conseil international de Recherches, réalisant ainsi dès à présent, dans le domaine scientifique, la Société des Nations, cette noble et belle conception, que le traité de Versailles a créée dans l'ordre politique et social, en vue d'éviter l'horrible fléau de la guerre et de proclamer la charte universelle du travail.

Vous avez voulu aussi, j'en suis convaincu, en venant dans notre pays, vous rendre compte de ses souffrances, de ses blessures, de ses ruines, de la froide exécution du plan allemand, longuement prémédité, en vue de détruire son outillage industriel et scientifique, en un mot, de supprimer la concurrence de ce petit État de sept millions d'habitants qui avait eu la témérité de devenir, au point de vue économique, la cinquième Puissance du monde.

Cette émouvante constatation redoublera l'intérêt que vous voulez bien nous porter.

Vous venez donc ici en amis, en frères.

Vous n'y trouverez pas, ai-je besoin de le dire, les représentants de la science allemande. L'Académie les a exclus de son sein.

Ils se sont à jamais disqualifiés par l'appel des Intellectuels, cette déclaration solennelle, certifiée sur l'honneur, que quatre-vingt-treize des plus célèbres d'entre eux adressèrent, par ordre, au monde entier, et qui, d'un bout à l'autre, n'est qu'un impudent outrage à la Vérité historique.

Comment associer à votre noble entreprise, ceux qui livrèrent aux flammes le siège de l'Université de Louvain et les trésors inappréciables de sa bibliothèque, pillèrent l'Université de Liége et voulurent transformer celle de Gand en une école supérieure de traîtres, de renégats.

Votre œuvre, elle, s'inspire des sentiments les plus élevés et les plus larges.

Arrière la morgue dédaigneuse et l'égoïsme étroit.

Quel est, en effet, votre but?

Il est défini dans le projet de vos statuts.

C'est de coordonner les activités internationales dans les différentes branches de la science et de ses applications ;

De provoquer la création d'Associations internationales jugées utiles au progrès des sciences et dont les statuts devront être approuvés par le Conseil international ;

D'orienter l'activité scientifique internationale dans les domaines où il n'existe pas d'Associations compétentes.

Dans chaque pays allié ou associé, il sera institué un Conseil national de Recherches ayant pour objet de recueillir les découvertes, de favoriser les recherches d'ordre scientifique pur, d'étudier leurs applications dans tous les domaines où elles peuvent accroître le bien-être et la richesse du pays ou contribuer à la défense nationale, enfin d'apporter éventuellement, à charge de réciprocité, une coopération active aux organismes similaires des pays alliés ou associés pendant la guerre de 1914-1919.

C'est donc bien une œuvre d'entr'aide, de mise en commun de toutes les études, de toutes les conceptions nées du génie d'invention, d'observation, d'application, des hommes de science pure, comme aussi des ingénieurs, des industriels, des diverses nations associées.

C'est une immense ruche où, comme les abeilles laborieuses, chacun apportera le fruit de son travail à la Communauté, suivant cette belle devise : chacun pour tous et tous pour chacun.

N'est-ce pas vraiment, Messieurs, la réalisation de cette noble pensée de Pasteur : « Elle serait si belle et si utile à faire la part du cœur dans le progrès des sciences? »

Et comme elle vient à son heure cette collaboration amicale au moment où prend fin la guerre mondiale.

Dans cette lutte gigantesque, où le perfectionnement incessant de l'artillerie, du matériel, des chars d'assaut, de la marine, des avions, de la télégraphie, de l'outillage des fabriques d'armes et de munitions jouait un rôle capital, tous les efforts de la science, résultat d'une activité fiévreuse, d'un véritable bouillonnement des cerveaux, tendirent vers ce but et réalisèrent des prodiges inouïs.

Des progrès remarquables furent accomplis par la science médicale dans le traitement des blessés; la lutte contre la tuberculose dans la population civile anémiée par les privations, a redoublé d'ardeur.

Cet élan donné au génie inventif, aux recherches fécondes en faveur des œuvres de guerre va maintenant profiter aux œuvres de paix.

Il s'agit de suppléer à la raréfaction de la main-d'œuvre, car des millions de travailleurs ont payé de leur vie leur dévouement à la Patrie, à la cause du Droit; des invalides par millions ne pourront fournir qu'un effort restreint et ont besoin d'une rééducation professionnelle.

Il faut, sans perdre un instant, restaurer les usines, les doter d'un outillage perfectionné, — j'allais dire intelligent, — créer des industries nouvelles, particulièrement celles dont l'Allemagne avait pour ainsi dire le monopole.

Enfin, dans le domaine de la science financière et de l'économie sociale et politique, que de problèmes ardus sont encore à résoudre.

Élaborés dans ces Conseils nationaux, recueillis et répandus dans le monde entier par le Conseil international, ces éléments scientifiques nouveaux, ces méthodes de travail améliorées, enrichiront le patrimoine de notre enseignement supérieur comme de notre enseignement professionnel et les bienfaits de cette collaboration s'étendront jusqu'aux couches les plus profondes de la société humaine.

C'est donc une noble tâche que celle dont vous allez assumer le lourd fardeau.

Elle est digne des encouragements du Monde.

Je félicite chaleureusement la Classe des sciences de l'Académie royale de l'heureuse initiative qu'elle a prise de provoquer cette Assemblée, et je forme les meilleurs vœux pour la prospérité de la grande œuvre à laquelle vous allez donner la vie.

Ayant vu le jour à Bruxelles, elle sera particulièrement chère aux Belges, et le Gouvernement sera heureux de contribuer à son développement.

De son côté, je n'en doute pas, votre Association aimera notre pays, comme on aime le sol natal, que l'on est toujours heureux de revoir.

Fort de cette conviction, au nom du Gouvernement, je me permets d'exprimer le vœu ardent que Bruxelles, berceau de votre œuvre, en devienne le siège permanent.

La Belgique a été justement appelée le carrefour des Nations, ce qui lui a valu, dans l'histoire, le triste privilège d'être le champ de bataille de l'Europe; par contre, n'est-elle pas indiquée pour devenir le trait d'union des peuples?

Déjà de nombreuses sociétés internationales scientifiques ou littéraires y ont établi leur centre d'activité.

Après la guerre, nous avions espéré que notre capitale serait choisie pour être le siège de la Société des Nations.

Il nous semblait qu'après avoir, sans hésiter, tout sacrifié au respect de la foi jurée; après avoir par l'héroïsme de son Roi et de ses soldats, retardé, elle petit pygmée, la masse du colosse Germain, déjoué ses plans et contribué à sauver le monde de son odieuse domination, notre Patrie, comme l'a dit éloquemment un membre du Parlement, méritait cette croix d'honneur.

Malheureusement, la Conférence de la Paix en décida autrement et ce fut pour nous une douloureuse déception.

La Conférence de la Science, devant laquelle j'ai l'honneur de parler, ne refusera pas ce témoignage d'estime et de sympathie à la Belgique martyre de l'honneur !

Séance d'inauguration

DISCOURS DE M. A. GRAVIS

Directeur de la Classe des sciences de l'Académie royale de Belgique.

Sire,

Mesdames, Messieurs,

La Classe des sciences de l'Académie royale de Belgique reçoit aujourd'hui les délégués des États alliés et associés, réunis en vue de fonder le Conseil international de Recherches. Décidé par les Conférences des Académies interalliées, tenues à Londres et à Paris l'an dernier, ce Conseil s'occupera des mesures à prendre pour la réorganisation immédiate des relations scientifiques interalliées. Son but est de coordonner les activités internationales dans les différentes branches de la science et de ses applications ; de provoquer la création d'Associations jugées utiles à l'avancement des sciences.

Considérant que tous les progrès industriels, agricoles, médicaux et autres reposent sur les découvertes de la Science pure, l'attention des Gouvernements sera attirée sur l'importance des études théoriques et désintéressées, dont le budget, après la guerre, devra être doté le plus largement possible.

De leur côté, les savants auront à cœur de se livrer aux recherches d'ordre scientifique et à leurs applications dans tous les domaines où elles peuvent accroître le bien-être des peuples, ou contribuer à la défense nationale.

Sire,

Votre présence à cette séance d'inauguration est pour nous un précieux encouragement. Nous nous souvenons avec respect et reconnaissance de la noble promesse que Votre Majesté a daigné formuler, en ces termes, dans son discours d'avènement :

« Quant à moi, je serai toujours prêt à seconder les efforts » de ceux qui travaillent à la grandeur de la Patrie et qui, » pénétrés de l'esprit de concorde et d'avancement social, » élèvent le niveau intellectuel et moral de la nation, déve- » loppent l'éducation et l'instruction, assurent à la masse un » plus grand bien-être. »

Nous nous inspirerons, Sire, de ces grandes pensées et nous travaillerons à les réaliser dans toute la mesure de nos forces.

*
* *

Au nom de la Classe des sciences de l'Académie royale de Belgique, je remercie les Académies des Pays alliés et associés d'avoir accepté notre invitation de tenir à Bruxelles l'Assemblée constitutive du Conseil international de Recherches et des divers organismes scientifiques nouveaux en dérivant. Je me réjouis de vous voir répondre en si grand nombre à l'appel qui vous a été adressé.

Il me paraît que j'aie, tout d'abord, à vous faire connaître la suite donnée par notre Académie et, je crois pouvoir l'ajouter, par le pays tout entier, aux propositions qui ont été formulées par les Conférences des Académies scientifiques interalliées tenues à Londres et à Paris en 1918.

L'Académie royale de Belgique a prononcé la radiation des savants appartenant aux pays avec lesquels nous étions en guerre et qui figuraient sur la liste de ses membres à quelque titre que ce soit. Elle a décidé de s'abstenir d'envoyer désormais des délé- gués à toute réunion internationale où devraient figurer des représentants des Empires du Centre ou des peuples soumis à leur influence militaire de 1914 à 1919. Elle a cessé radicalement le service des échanges avec ces peuples et renverra les publications que ceux-ci lui adresseraient en don.

Ces décisions ont été notifiées aux Sociétés savantes belges qui, dans un commun élan de patriotisme, ont unanimement adopté la même ligne de conduite.

Les Belges ont pris ces mesures avec la conscience qu'ils accomplissaient un acte de justice indispensable pour la moralité des nations. Ils n'ont pas eu en vue l'établissement d'un état de guerre intellectuelle permanent, d'une durée illimitée. Ils n'ont aucunement l'intention de rejeter la science allemande; s'ils refusent les publications qui leur seraient offertes par ceux qui furent leurs ennemis, c'est parce qu'ils ont l'intention de ne plus leur envoyer les leurs. Mais, ils acquerront les travaux qui paraîtront dans les Empires du Centre lorsqu'il y aura intérêt à les connaître. Ils sont formellement décidés à subordonner le rétablissement de l'ancien état de choses à cette condition clairement stipulée dans la préface qui sert d'introduction aux résolutions de Londres.

« Pour restaurer la confiance, sans laquelle toute collabora-
» tion fructueuse serait impossible, les Empires centraux
» devront désavouer les méthodes politiques dont l'application
» a engendré les atrocités qui ont indigné le monde civilisé. »

*
* *

Les Conférences de Londres et de Paris n'ont pas eu en vue uniquement la rupture des relations intellectuelles avec les Empires du Centre et leurs alliés, elles ont décidé la création immédiate des nouvelles associations reconnues utiles au progrès des sciences et à leurs applications.

Parmi celles-ci figure en tout premier lieu le Conseil international de Recherches, dont l'initiative appartient aux États-Unis d'Amérique et tout particulièrement à l'éminent secrétaire perpétuel de l'Académie nationale des sciences de Washington, M. George Hale, que notre Académie s'honore de compter parmi ses membres associés et, qu'à notre vif regret nous ne voyons pas siéger parmi nous aujourd'hui, étant retenu à Washington par d'impérieux devoirs professionnels.

Le Conseil international de Recherches devant émaner de Conseils nationaux, il eût été logique de fonder tout d'abord ces derniers Dans la plupart des pays alliés et associés, il en a été ainsi. On ne nous reprochera pas d'être en retard à ce propos : La Belgique est libérée depuis quelques mois seulement, et le travail préparatoire, indispensable pour une fondation aussi importante, n'a pu être commencé pendant la guerre, comme la chose était possible chez les nations dont le territoire n'était pas occupé ou l'était seulement d'une façon partielle.

La Classe des sciences de l'Académie royale de Belgique a élaboré un projet de statuts pour le nouvel organisme; le Gouvernement l'a félicitée de son initiative et nous manquerions d'équité si nous ne reconnaissions pas que le Ministre des Sciences et des Arts, M. Harmignie, a traité la question avec une grande ampleur de vues.

L'institution sera vraisemblablement à même d'être définitivement installée dans le courant du mois d'octobre prochain.

On s'est demandé si la mise à exécution des résolutions de Londres ne nuirait pas aux progrès de la science. Les auteurs de la motion ne se sont pas inspirés seulement d'une pensée morale qui pouvait s'imposer et même parler plus haut que nos devoirs vis-à-vis de la science. Ils savaient que l'esprit d'émulation que nos nouveaux organismes internationaux allaient faire naître, engendrerait des progrès égaux, sinon supérieurs, à ceux que produiraient des rapports internationaux exempts d'estime et par suite de confiance réciproque. Et ils ont été bien avisés; car, d'emblée, nous restaurons sur une large base la vie intellectuelle mondiale nouvelle.

Un des facteurs essentiels de progrès, nous l'attendons avec une foi ardente d'une union nouvelle qui s'opère : celle des savants et des industriels dont le concours, pendant la guerre, a incontestablement rendu des services hautement appréciés.

L'Académie royale de Belgique remercie chaudement les industriels et ingénieurs de notre pays de leur efficace collaboration dans les circonstances les plus périlleuses.

Ce qui est vrai pour la Belgique, l'est également pour les autres nations alliées et associées, où les Académies viennent de contracter, tout comme nous l'avons fait, un heureux mariage avec les industriels de leurs pays.

A l'ordre du jour qui vous a été distribué figure cette proposition de notre Comité exécutif provisoire :

« Le Comité exécutif provisoire, vu la résolution prise par
» la Conférence de Paris, en novembre 1918, fixant les condi-
» tions d'admission des nations neutres durant la guerre, recom-
» mande, à l'unanimité, d'inviter les États indiqués ci-après à
» participer ultérieurement aux travaux des nouveaux orga-
» nismes scientifiques internationaux : Danemark, Espagne,
» Monaco, Norvège, Pays-Bas, Suède, Suisse, Tchéco-Slovaquie
» et Finlande. »

L'Académie royale de Belgique se réjouit de l'élargissement de nos relations intellectuelles, élargissement qui était impossible tant que la guerre sévissait en Europe.

*
* *

Vous allez être appelés, Messieurs, à constituer le Bureau qui présidera à nos Assemblées générales. Permettez-moi de vous suggérer de confier cette mission au Comité exécutif provisoire qui fut nommé à Paris en novembre dernier. Ce sera pour nous l'occasion de lui rendre le juste hommage auquel il a droit et de reconnaître les mérites et les hautes capacités de son Président, M. Émile Picard, l'éminent Secrétaire perpétuel de l'Académie des sciences de Paris, et de son Secrétaire général, M. Schuster, le savant Secrétaire de la Royal Society de Londres.

Nous regrettons vivement de ne pas voir parmi nous M. Émile Picard, retenu à Paris par l'état de sa santé. Il sera remplacé dans cette Assemblée par son collègue, M. Alfred Lacroix, Secrétaire perpétuel de l'Académie des sciences de Paris.

Séance d'inauguration

DISCOURS DE M. Alfred LACROIX

SECRÉTAIRE PERPÉTUEL DE L'ACADÉMIE DES SCIENCES DE L'INSTITUT DE FRANCE

Sire,

Mesdames, Messieurs,

C'est avec une émotion profonde que les membres de la Conférence académique interalliée se trouvent réunis en Belgique meurtrie, mais enfin libérée.

Après avoir pendant cinq ans glorieusement mélangé sur tant de champs de bataille le sang généreux des meilleurs de leurs enfants, les Nations alliées et associées ont senti la nécessité de continuer entre elles, après la paix, une étroite collaboration, étendue à toutes les directions de l'activité humaine et particulièrement à la recherche scientifique. Cette collaboration, nous la voulons, intime et confiante, avec tous ceux qui ont avec nous un commun idéal de droiture, de justice et de liberté, *mais nous ne la voulons qu'avec ceux-là.*

Après avoir élaboré les grandes lignes d'une entente pour l'avenir, au cours de deux réunions préliminaires tenues à Londres et à Paris, il a paru symbolique d'en sceller les accords définitifs dans ce Bruxelles, où a été montré d'une si admirable et si éclatante façon *ce que doit valoir une parole donnée.*

Nous remercions le Gouvernement belge de l'hospitalité qu'il nous offre et de l'accueil sympathique qu'il veut bien nous faire.

Le travail préparatoire de notre Conférence a été effectué par un Comité exécutif. Les membres de ce Comité sont très touchés de la proposition qui vient d'être faite de les constituer en Bureau de la présente session; ils acceptent cette charge, mais à la condition expresse que la présidence d'honneur de la Conférence sera remplie par M. le Président de la Classe des sciences de l'Académie royale de Belgique.

Jamais société savante n'a été soumise à un aussi cruel destin que l'Académie de Belgique. Tandis que plusieurs de ses membres étaient retenus ici par le périlleux devoir de défendre contre un envahisseur sans scrupules tout ce qui pouvait être défendu, beaucoup d'autres étaient dispersés sur des terres étrangères, qui, pour être amies, n'en étaient pas moins pour eux des terres d'exil; parmi eux, les uns consacrèrent toute leur intelligence et tout leur cœur à la défense nationale, alors que d'autres venaient dans nos laboratoires assurer la continuité de l'effort scientifique belge, donnant ainsi un bel exemple de foi indomptable dans le triomphe final du Droit. Nous avons appris ainsi, dans l'adversité, à mieux connaître nos confrères belges, et, à les mieux connaître, nous les avons estimés davantage. L'Académie royale de Belgique a été à la dure peine, qu'elle soit aujourd'hui à l'honneur!

Permettez-nous, Sire, de Vous adresser nos respectueux remerciements d'avoir bien voulu donner par Votre présence de l'éclat à l'ouverture de cette Conférence, apportant ainsi une preuve manifeste de Votre sollicitude pour tout ce qui touche à la science, non seulement à la science qui plane dans les hautes régions sereines des spéculations théoriques, mais aussi à toutes ses applications pratiques à la vie et au bien-être de l'humanité.

Mieux que personne, Vous savez ce que la science a fait dans

le passé pour la grandeur de Votre pays, et aussi ce qu'elle
est destinée à faire pour le rapide relèvement économique de la
Belgique, pour son rayonnement à travers le monde.

Depuis le 3 août 1914, si souvent Vous avez entendu célébrer
par des voix illustres et éloquentes, la grandeur du rôle que
Vous avez joué dans les événements tragiques qui ont ébranlé,
jusqu'à sa base, le monde entier, que Vous devez être blasé sur
les manifestations de ce genre, peut-être cependant ne serez-Vous
pas insensible au témoignage de déférente admiration que
Vous adressent les hommes de science de tant de pays différents
réunis ici et qui, ayant voué leur vie au culte de la Vérité,
prisent très haut les qualités d'honneur, de décision et de cou-
rage qui Vous ont fait entrer vivant dans l'histoire.

Veuillez, Sire. faire agréer nos très respectueux hommages à
la gracieuse Souveraine qui, à Vos côtés, a su parer d'une
auréole de dévouement et de bonté l'héroïsme de l'armée belge.

Séance de clôture

DISCOURS

PRONONCÉ

par M. Alfred LACROIX,

Président de la Conférence,
Secrétaire perpétuel de l'Académie des sciences de l'Institut de France.

MESSIEURS,

Notre tâche est accomplie.

Nous nous sommes réunis ici pour fonder définitivement entré nations alliées et associées un Conseil de Recherches scientifiques ayant pour but principal de coordonner l'activité internationale dans les différentes branches de la science et de ses applications.

Les statuts de ce Conseil ont été rédigés. Vous les avez votés. Pour donner de la vie à votre œuvre, il ne reste plus qu'à obtenir l'adhésion de nos Académies, Conseils nationaux ou Gouvernements. Chacun de nous, dans la limite de ses forces, devra s'employer à seconder l'activité du Comité exécutif chargé de cette négociation.

En risquant tout, fors l'honneur, en risquant jusqu'à son bien le plus précieux et le plus cher, son indépendance nationale, pour rester fidèle à ses engagements et pour barrer la route à la barbarie, la Belgique a mérité l'estime et la reconnaissance du monde. Haute autorité morale constituée par l'union de savants appartenant à toutes les disciplines, à toutes les nations, qui ont lutté côte à côte pour le même idéal, la présente Conférence a jugé qu'elle ne pouvait mieux manifester cette estime et cette reconnaissance qu'en décidant à l'unanimité que Bruxelles devient le siège légal du Conseil international de Recherches scientifiques. C'est à Bruxelles que, tous les trois ans, se tiendront désormais ses Assemblées générales, c'est à Bruxelles que seront conservées ses Archives, que seront reçus et administrés, suivant la loi belge, les dons et legs qu'elle pourra recevoir.

Parmi les moyens dont le Conseil international de Recherches doit user pour la réalisation de son but, il faut mettre en première ligne la création d'Unions internationales correspondant aux principaux groupements des sciences. Ces Unions posséderont un budget et une administration propres, elles pourront se diviser en Sections autonomes utilisant librement des ressources réparties par les soins du Comité exécutif de l'Union; à leur tour, elles auront le droit de se subdiviser en Commissions permanentes ou provisoires.

Il semble que la contemplation des astres porte plus les hommes à l'association que l'étude des phénomènes ou des êtres rapprochés d'eux. Les astronomes, en effet, sont venus ici plus nombreux que tous autres; ils ont apporté pour leur Union un projet de statuts très étudié qui a été bientôt pris pour modèle général. Puis se sont groupés les géodésiens et les géophysiciens, les chimistes et les biologistes.

Plusieurs autres Unions ont été envisagées ou préparées; leur établissement définitif sera l'affaire de demain.

Malgré la symétrie d'organisation imposée à toutes les Unions, filles majeures du Conseil international de Recherches, chacune d'elles conserve une grande souplesse. C'est ainsi que l'Union astronomique n'a pas usé de son droit de se diviser en Sections, elle est restée une, mais elle a institué dans son sein une trentaine de Commissions indépendantes, alors que l'Union géodésique et géophysique ainsi que l'Union des Sciences biologiques ont admis six sections chacune.

Ainsi nous venons de délimiter de vastes territoires, nous les avons pourvus d'une constitution, nous avons même poussé la sollicitude jusqu'à leur donner un gouvernement. Une petite Conférence de la Paix se termine aujourd'hui ; son œuvre sera-t-elle meilleure ou pire que celle de la grande? L'avenir le montrera, mais il n'est pas téméraire de penser, et même de dire, que cette œuvre vaudra ce que la feront ses artisans.

Nous avons nommé une profusion de Présidents, de Vice-Présidents, de Secrétaires généraux. Je suis certain que tous prendront leur rôle à cœur, et que tous sont bien pénétrés de cette pensée qu'ils sont non seulement investis de beaucoup d'honneurs, mais aussi chargés de lourds devoirs. Ce brillant état-major va se mettre résolument à l'ouvrage pour grouper une armée de chercheurs et pour surmonter les difficultés d'ordre varié qui, n'en doutez pas, ne manqueront pas de se dresser parfois devant eux. Les noms de ces chefs sont de bonne augure pour la solidité des résultats qu'ils apporteront dans trois ans à notre prochaine Assemblée générale.

L'ère des discours est close, l'heure du travail fécond vient de sonner !

A la Conférence de Londres, il a été établi comme principe légitime et nécessaire de ne constituer nos organismes de paix qu'entre les nations qui ont été unies dans les heures critiques, qui ont combattu et souffert ensemble et ont ainsi conquis le droit d'exposer clairement et nettement ce qu'elles veulent et *ce qu'elles ne veulent pas*.

Aujourd'hui la maison est prête, l'entrée en restera interdite aux Allemands et à leurs alliés, mais nous avons pensé que le moment était venu d'inviter les savants des nations neutres à collaborer avec nous. Vous avez approuvé unanimement la proposition qui vous a été faite à cet égard par le Comité exécutif.

Il est une Académie des sciences qui, bien que comptant

parmi nous beaucoup de sympathies, ne fait pas partie de notre Association, nous nous plaisons à espérer qu'un jour se lèvera où, le ciel s'éclaircissant au-dessus de la Néva, le retour à d'anciennes et cordiales relations deviendra possible.

Il me reste l'agréable devoir de remercier en votre nom tous ceux qui, à des titres divers, y ont droit.

Nous avons été très honorés de l'intérêt que S. M. le Roi des Belges a bien voulu témoigner à nos travaux en venant inaugurer cette Conférence.

Nous prions le Gouvernement de la Belgique d'agréer aussi nos remerciements et nous n'oublierons pas la cordialité de l'accueil que nous ont réservé M. le Ministre des Sciences et des Arts, M. le Ministre des Affaires Étrangères et M. le Bourgmestre de Bruxelles.

Je regrette que M. le Vice-Directeur de la Classe des sciences de l'Académie royale de Belgique soit aujourd'hui retenu loin de nous par d'autres devoirs. Je prie M. le Secrétaire perpétuel Pelseneer de le remercier d'avoir bien voulu accepter notre Présidence d'honneur ; je lui demande aussi de transmettre à ses Confrères l'expression de notre gratitude pour l'hospitalité si complète et si aimable qu'ils nous ont donnée dans ce beau Palais des Académies.

M. Lecointe me permettra de lui dire combien nous avons apprécié les services qu'il a rendus à cette Conférence par son inlassable dévouement mis au service de ses connaissances si étendues, de cette limpidité de vues, de cette netteté et de cette franchise d'expression qui, de longue date, lui ont conquis la sympathie de tous ; nous sommes reconnaissants à tous ses collaborateurs de l'empressement qu'ils ont mis à prévenir nos moindres désirs.

Si nos travaux ont abouti avec tant de facilité, nous le devons à leur excellente préparation par le Comité exécutif nommé l'an dernier à Paris. Vous avez érigé ce Comité en Bureau définitif. Son Président, mon collègue M. Emile Picard, ayant été empêché par l'état de sa santé d'être présent ici, vous avez fait à l'Académie des sciences de l'Institut de France, la gracieuseté de lui conserver la présidence de cette Assemblée. Je dois à mes fonctions de Secrétaire perpétuel de cette Académie, d'avoir dirigé vos délibérations. Je m'en trouve fort honoré, mais je me félicite, en outre, de ce que la naissance spontanée et l'existence éphémère de cette présidence me mettent à l'aise pour remercier en votre nom le Comité exécutif de ce qu'il a fait pour vous dans le passé et de le féliciter de l'unanimité avec laquelle ses pouvoirs viennent d'être prorogés de trois ans. Son passé est un sûr garant de l'habileté avec laquelle il saura aider à la constitution effective des Unions projetées.

Je remercie, enfin, mes collègues du Bureau, M. Volterra et M. Campbell, qui remplace M. George Hale dont nous regrettons vivement l'absence, M. Schuster, notre dévoué Secrétaire général, qui sait, avec tant d'aisance, se jouer au milieu des difficultés des affaires internationales et prouver que son activité aussi bien que sa compétence sont sans rivales.

Permettez-moi, Messieurs, en terminant, de vous exprimer ma gratitude pour la bienveillance avec laquelle vous avez facilité ma tâche ; la cordialité qui n'a cessé de régner entre tous et en toutes circonstances montre que le titre un peu long de Conférence des Académies des Nations alliées et associées aurait pu être avantageusement remplacé par celui, plus court et plus expressif, de Conférence des Académies amies.

Séance de clôture

—

DISCOURS

PRONONCÉ

par M. Paul PELSENEER

Secrétaire perpétuel de l'Académie royale de Belgique.

MONSIEUR LE PRÉSIDENT,

MESSIEURS,

A l'ouverture des travaux de cette Conférence, les premières paroles qui vous ont été adressées par l'Académie royale de Belgique ont été des souhaits de bienvenue à nos Confrères étrangers.

Aujourd'hui, en cette séance de clôture, les derniers mots que vous entendrez seront l'expression de nos sentiments de gratitude envers tous les hommes de science qui ont pris part aux délibérations de l'Assemblée constitutive, et plus spécialement envers ceux des pays amis et alliés. Cette gratitude s'explique facilement : vous avez accepté, en effet, que les premières assises du Conseil international de Recherches scientifiques fussent tenues à Bruxelles, et vous avez même décidé que Bruxelles serait désormais le siège légal du Conseil. Cette décision a touché le cœur de tous nos compatriotes, qui y ont été infiniment sensibles.

Vous avez certainement voulu rendre ainsi un hommage particulier au pays qui a été la première victime de la guerre, et qui en a été la victime la plus éprouvée.

C'est de cette attention des délégués des Académies et des États interalliés que l'Académie de Belgique vous témoigne à nouveau sa reconnaissance.

Elle a cependant, en même temps, un regret à formuler.

Pour ne pas attrister votre séjour chez elles, la Belgique et l'Académie ont eu le souci et la coquetterie de vous cacher des blessures qui ne sont pas cicatrisées ; mais ces meurtrissures profondes, dont elles souffrent encore, ne leur ont pas permis de vous faire un accueil aussi somptueux qu'elles l'eussent souhaité, et tel que l'eussent voulu les anciennes traditions d'hospitalité de ce pays.

Nous espérons toutefois que le souvenir que vous conserverez de ces réunions confraternelles n'en sera pas terni ni amoindri, et que vous emporterez surtout, très nette, cette conviction qu'un organisme robuste et solide est né en ce jour, qui contribuera, par la suite, à effacer bien des maux de la guerre, en accélérant les progrès de la civilisation que cette guerre avait temporairement arrêtés.

J'ai donc ce privilège, au nom de l'Académie et du pays dont elle est ici l'organe, de saluer, avant leur départ, nos Confrères étrangers, et de les remercier d'avoir apporté au Conseil et aux Unions que nous avons créés de concert, le concours de leur temps, de leur activité et de leur expérience scientifique.

Et je termine en exprimant, avec une entière confiance, — que vous partagez, je suis sûr, — la certitude que l'enfant né en Belgique, sous l'égide et par la collaboration des Académies interalliées, grandira et prospérera, et témoignera par là de l'opportunité et de l'utilité de l'institution que nous avons édifiée.

Nous aurons ainsi démontré nous-mêmes, par le travail accompli et par le résultat obtenu, qu'après avoir victorieusement terminé la guerre, grâce à notre commun effort, nous n'avions pas de plus ardent désir que de constituer, par notre action collective, des œuvres fécondes de paix et de confraternité internationale.

Vœux pris en considération en séance plénière.

A. — Il est désirable que le Conseil international de Recherches publie périodiquement la liste des questions que les Unions affiliées proposeront à la solution des travailleurs scientifiques et des inventeurs. Il y a lieu de recommander aux Unions de tenir compte dans le libellé de ces questions des desiderata d'ordre industriel et social.

(Vœu formulé par M. Paul Otlet.)

B. — Considérant que les pertes résultant de la guerre ne pourront être pleinement réparées que par le travail dirigé de plus en plus dans la voie de la technique fécondée elle-même par de nouvelles découvertes scientifiques ;

Considérant que l'œuvre humanitaire et sociale ainsi dévolue à la science a besoin d'être largement outillée et subventionnée ;

La Conférence émet le vœu de voir les Gouvernements, représentés dans la Société des Nations, s'entendre pour constituer un budget international des sciences et contribuer ainsi aux travaux des Associations internationales.

(Motion présentée par MM. Bigourdan et Paul Otlet.)

C. — Considérant que la Science est un des meilleurs éléments de concorde entre les nations,

La Conférence émet le vœu que ses adhérents travaillent chacun à augmenter cette influence bienfaisante de la Science et à maintenir entre leurs Pays respectifs une union de plus en plus intime, basée sur l'estime mutuelle, sur la justice et sur l'esprit de liberté.

(Vœu présenté par M. Bigourdan.)

D. — En vue de coordonner les efforts nationaux dans toutes les disciplines et de les mettre en harmonie avec les principes qui ont inspiré la création du Conseil international de Recherches, la Conférence émet le vœu que dans tous les pays ne possédant pas de Conseil national de Recherches, cet organisme soit constitué le plus tôt possible en tenant compte des traditions et des besoins propres à chaque pays.

(Vœu présenté par MM. Bowie et Turner.)

ORDRE DU JOUR

—

Vendredi 18 juillet 1919.

(Salle des séances plénières, à 10 heures.)

Installation de la Conférence.
Constitution du Bureau de l'Assemblée.
Rapport du Comité exécutif provisoire.

Samedi 19 juillet 1919.

(Salle des séances plénières, à 10 heures.)

Discussion du projet de statuts pour le Conseil international de Recherches.

Lundi 21 juillet 1919.

(A 10 heures.)

Local A. — Discussion des projets de statuts :
    a) Pour l'Union astronomique ;
    b) Pour l'Union physique ;
    c) Pour l'Union mathématique.

Local B. — Examen de questions générales, d'ordre international, relatives aux brevets.

(A 15 heures.)

Éventuellement, continuation des discussions commencées le matin.

Mardi 22 juillet 1919.

(A 10 heures.)

Local E. — Rapport du Comité pour la coopération internationale en chimie.

Rapport relatif à la fondation d'une Confédération des Associations de chimie pure et appliquée.

Mercredi 23 juillet 1919.

(A 10 heures.)

Local A. — Discussion du projet de statuts pour l'Union géodésique et géophysique.

Local B. — Conférence des délégués pour l'étude des questions relatives à l'art de l'ingénieur.

Locaux C et D. — Conférence des délégués pour l'étude des questions relatives aux sciences géologiques et aux sciences biologiques (pures et appliquées).

(A 15 heures.)

Locaux C et D. — Éventuellement, continuation des discussions relatives aux sciences biologiques, commencées le matin.

Local E. — Conférence des délégués pour l'étude des questions relatives aux sciences médicales.

Jeudi 24 juillet 1919.

(A 10 heures.)

Local A. — Union astronomique (discussions scientifiques).

Local B. — Union géodésique et géophysique, section de météorologie (discussions scientifiques).

Locaux C et D. — Éventuellement, suite de la conférence des délégués pour l'étude des questions relatives aux sciences biologiques.

Local E. — Éventuellement, suite de la conférence des délégués pour l'étude des sciences médicales.

Vendredi 25 juillet 1919.

(A 10 heures.)

Local A. — Union astronomique (suite) (nomination des Bureaux des sections).

Local B. — Union géodésique et géophysique, section de météorologie (suite) (nomination du Bureau de la section).

Locaux C et D. — Union géodésique et géophysique, section géodésique et section sismologique (discussions scientifiques et nomination des Bureaux des sections).

(A 15 heures.)

Éventuellement, continuation des discussions commencées le matin.

Samedi 26 juillet 1919.

(A 10 heures.)

Local A. — Union astronomique (constitution du Bureau).

Local B. — Union géodésique et géophysique (constitution du Bureau).

Local C. — Commission pour l'exploration biologique de l'océan Atlantique nord et de la mer du Nord (question des Pêcheries).

Lundi 28 juillet 1919.

(Salle des séances plénières, à 10 heures.)

ASSEMBLÉE GÉNÉRALE.

Nomination des membres du Comité exécutif du Conseil international de Recherches.

Proposition d'admission de certains pays à se faire représenter près les organismes scientifiques internationaux nouvellement fondés (1).

Examen de questions non portées au présent ordre du jour et soumises à l'Assemblée après approbation préalable du Comité exécutif provisoire.

Remarque. — Les diverses Sections, Unions, etc., lorsqu'elles examineront des questions bibliographiques, s'en tiendront exclusivement aux sciences dont chacune d'elles s'occupe.

Une Conférence internationale ayant pour objet l'étude de la bibliographie en général, sera éventuellement convoquée à une prochaine session.

---

(1) Le Comité exécutif provisoire, vu la résolution prise par la Conférence de Paris, en novembre 1918, fixant les conditions d'admission des nations neutres durant la guerre, recommande, à l'unanimité, d'inviter les États indiqués ci-après à participer ultérieurement aux travaux des nouveaux organismes scientifiques internationaux : Danemark, Espagne, Monaco, Norvège, Pays-Bas, Suède, Suisse, Tchéco-Slovaquie et Finlande.

Règlement de l'Assemblée.

1. — Les votes n'engagent pas les États, Instituts, Académies et Sociétés savantes représentés. Ils ont exclusivement pour objet de faire connaître l'opinion de l'Assemblée sur les questions soumises à ses délibérations. Les résolutions ne peuvent donc devenir effectives qu'après ratification par les autorités compétentes.

2. — Les votes ayant pour objet des questions d'ordre administratif et en particulier pour le siège des Bureaux et pour les élections, se feront pendant toute la durée de la Conférence de Bruxelles, à raison d'une voix par pays représenté.

3. — Lorsque des comités ou sections se réuniront séparément, ils nommeront chacun un président, un vice-président et un secrétaire-rapporteur chargé de la rédaction du procès-verbal.

Immédiatement après la clôture de la Conférence, les secrétaires remettront au Bureau du Comité exécutif, par l'intermédiaire des présidents des Sections, s'il y a lieu, les procès-verbaux des séances.

4. — Toutes les motions, propositions, etc., sont adressées par écrit au président du Comité exécutif ou aux présidents des Sections, suivant le cas.

COMPOSITION DES DÉLÉGATIONS

BELGIQUE

Barnich, Georges (¹), directeur de l'Institut Solvay de sociologie, conseiller du Gouvernement, rue du Luxembourg, 10, Bruxelles.

Bergé, docteur en sciences, directeur de la Raffinerie tirlemontoise, à Tirlemont.

Bordet, Jules, professeur à l'Université de Bruxelles, membre de l'Académie royale de Belgique, rue du Remorqueur, 28, Bruxelles.

Boulvin, Roch (¹), ingénieur honoraire des Mines, administrateur-délégué de la Compagnie générale de Railways et Électricité, rue de Tenbosch, 30, Bruxelles.

Brachet, professeur à l'Université de Bruxelles, membre de l'Académie royale de Belgique, rue Léonard de Vinci, 32, Bruxelles.

Breyre (⁴), ingénieur au Corps des Mines, avenue de la Couronne, 165, Bruxelles.

Bultinck, administrateur de l'Œuvre royale de l'Ibis, inspecteur général de la Marine, rue de la Loi, 90, Bruxelles.

Camerman (⁴), ingénieur, directeur du Banc d'épreuve de l'État à Malines ; square Gutenberg, 31, Bruxelles.

Canon-Legrand (¹), industriel, à Mons.

Carlier, Jules (¹), président du Comité central industriel de Belgique, Montagne-de-l'Oratoire, 8, Bruxelles.

Cesaro, Giuseppe, professeur à l'Université de l'État, à Liége, membre de l'Académie royale de Belgique, Jupille (Liége).

Clément (¹), de la firme Coster-Clément, rue du Lombard, 41, Bruxelles.

Cornet, J., professeur à l'École des Mines de Mons, membre de l'Académie royale de Belgique, boulevard Dolez, 86, Mons.

Corteil, ingénieur à l'Administration des Télégraphes, Bruxelles.

(¹) Délégué du Ministère des Affaires Économiques.
(⁴) Délégué du Ministère de l'Industrie, du Travail et du Ravitaillement.

Crismer, Léon, professeur à l'École militaire, membre de.l'Académie royale de Belgique, rue Hobbema, 39, Bruxelles.

Dallemagne, G. (¹), administrateur-délégué de la Société des Produits réfractaires de Seilles-Andenne, rue de Harlez, 1, Liége.

Damas, professeur à l'Université de l'État à Liége, quai des Pêcheurs, 54, Liége.

De Donder, Th., professeur à l'Université de Bruxelles, rue Forestière, 11, Ixelles-Bruxelles.

de Dorlodot, H., professeur à l'Université de Louvain, rue de Bériot, 42, Louvain.

de Fuisseaux, H., ingénieur, président du Comité international permanent des Associations d'inventeurs et d'artistes industriels, membre de la Commission belge de la propriété industrielle, rue Washington. 169, Bruxelles.

de Hemptinne, A., professeur à l'Université de Louvain, membre de l'Académie royale de Belgique, rue Basse-des-Champs, 49, Gand.

Deladrier, E., docteur ès sciences, rue Saint-Bernard, 2, Bruxelles.

De Lannoy (⁴), directeur au Bureau central des Poids et Mesures, au Ministère de l'Industrie, du Travail et du Ravitaillement, Bruxelles.

de la Vallée Poussin, Ch.-J., professeur à l'Université de Louvain, membre de l'Académie royale de Belgique, rue de la Station, 149, Louvain.

Delmer, A. (⁴), ingénieur principal au Corps des Mines, avenue de l'Hippodrome, 129, Bruxelles.

Delporte, Eugène, astronome adjoint à l'Observatoire royal de Belgique, rue Verhulst, 76, Uccle-Bruxelles.

Delvosal, Jules, astronome à l'Observatoire royal de Belgique, rue Rouge, 84, Uccle-Bruxelles.

Demoulin, Alphonse, professeur à l'Université de l'État, à Gand, membre de l'Académie royale de Belgique, rue Joseph Plateau, 10, Gand.

Deprez, Georges (¹), secrétaire général du Comité central industriel de Belgique, rue Blanche, 33, Bruxelles.

de Rüelle, J. (³), chef de division au Ministère des Affaires Étrangères, rue du Taciturne, 39, Bruxelles.

Deruyts, Jacques, professeur à l'Université de l'État, à Liége, membre de l'Académie royale de Belgique, rue Louvrex, 5, Liége.

de Selys Longchamps, Marc, professeur à l'Université de Bruxelles, avenue Jean Linden, Bruxelles.

De Vuyst, P. (⁵), directeur général au Ministère de l'Agriculture, avenue de l'Yser, 22, Bruxelles.

(¹) Délégué du Ministère des Affaires Économiques.
(³) Délégué du Ministère des Affaires Étrangères.
(⁴) Délégué du Ministère de l'Industrie, du Travail et du Ravitaillement.
(⁵) Délégué du Ministère de l'Agriculture.

Dony-Henault, O., professeur à l'Université de Bruxelles et à l'École des Mines de Mons, boulevard Charlemagne, 29, Bruxelles.

Firket (⁴), ingénieur en chef-directeur des Mines, boulevard Guffens, 41, Hasselt.

Forgeur, (baron) **Edgard** (⁴), directeur de l'Office des questions industrielles au Ministère des Affaires Économiques, rue Père De Deken, 11, Bruxelles.

Fourmarier, ingénieur au Corps des mines, avenue de l'Observatoire, 120, Liége.

Fredericq, Léon, professeur à l'Université de l'État, à Liége, membre de l'Académie royale de Belgique, rue de Pitteurs, 20, Liége.

Galopin, Alexandre (⁴), ingénieur civil des Mines, directeur de la Fabrique nationale d'armes de guerre, Herstal.

Gérard, Gustave-Léo (⁴), chef du service technique au Comité central industriel de Belgique (Service spécial de la restauration), rue du Gentilhomme, 11, Bruxelles.

Gilson, G., directeur du Musée royal d'Histoire naturelle, professeur à l'Université de Louvain, rue Vautier, Bruxelles.

Goldschmidt, Robert, docteur en sciences, secrétaire général de la Commission internationale de T. S. F. scientifique, rue Guimard, 18, Bruxelles.

Gravis, A., professeur à l'Université de l'État, à Liége, membre de l'Académie royale de Belgique, rue Fusch, 22, Liége.

Habets, Marcel (⁴), ingénieur en chef des charbonnages de la Société John Cockerill, Seraing.

Hamman, Auguste, membre de la Chambre des Représentants, président du Comité de mariculture, délégué de la Belgique près le Conseil international pour l'exploration scientifique de la mer, rue Longue, 54, Ostende.

Hankar-Urban (⁴), administrateur-délégué de la Société belge des carrières de porphyre de Quenast, place de l'Industrie, 17, Bruxelles.

Hazee, avocat à la Cour d'appel de Bruxelles, rapporteur général du Congrès international des associations d'inventeurs et artistes industriels de 1919, rue Watteeu, 14, Bruxelles.

Heger, P. (²), membre de l'Académie royale de médecine de Belgique, professeur à l'Université de Bruxelles, rue des Drapiers, 23, Bruxelles.

Henin, J. (⁴), président de la Société des glaces de Charleroi et de Roux, rue des Colonies, 43, Bruxelles.

Hermant, A., ingénieur, météorologiste adjoint à l'Institut royal météorologique de Belgique, Uccle.

(⁴) Délégué du Ministère des Affaires Économiques.
(²) Délégué de l'Académie royale de médecine.
(⁴) Délégué du Ministère de l'Industrie, du Travail et du Ravitaillement.

Huisman, Michel, directeur au Ministère des Affaires Étrangères, avenue de la Brabançonne, 95, Bruxelles.

Jacobsen, Jules, professeur à l'Université de Bruxelles, rue de Florence, 28, Bruxelles.

Jeanne, colonel d'état-major, directeur général de l'Institut cartographique militaire de Belgique, La Cambre, Bruxelles.

Jorissen, A., professeur à l'Université de l'État à Liége, membre de l'Académie royale de Belgique, rue Sur-la-Fontaine, 112, Liége.

Julin, Charles, professeur à l'Université de l'État à Liége, membre de l'Académie royale de Belgique, rue de Fragnée, 159, Liége.

La Fontaine, H., sénateur, directeur de l'Office international de Bibliographie, secrétaire général de l'Union des Associations internationales, square Vergote, 9, Bruxelles.

Lagrange, Charles, professeur émérite de l'École militaire, membre de l'Académie royale de Belgique, rue Sans-Souci, 42, Ixelles-Bruxelles.

Lameere, Auguste, professeur à l'Université de Bruxelles, membre de l'Académie royale de Belgique, rue Defacqz, 74, Saint-Gilles-Bruxelles.

Lebacqz (4), ingénieur en chef-directeur des Mines, rue Renoz, 6, Liége.

Lecocq, Jules (1), secrétaire-trésorier du Comité central industriel de Belgique, rue Faider, 14, Bruxelles.

Lecointe, Georges, directeur de l'Observatoire royal de Belgique, membre de l'Académie royale de Belgique, à l'Observatoire royal de Belgique, Uccle-Bruxelles.

Lemaire, Em. (4), ingénieur au Corps des Mines, à Mons.

Le Paige, C , administrateur-inspecteur et professeur à l'Université de l'État, à Liége, membre de l'Académie royale de Belgique, à l'Observatoire de Cointe, Liége.

Libert (4), directeur général des Mines au Ministère de l'Industrie, du Travail et du Ravitaillement, Bruxelles.

Lohest, Max, professeur à l'Université de l'État, à Liége, membre de l'Académie royale de Belgique, Mont-Saint-Martin, 49ter, Liége.

Lucion, ingénieur aux Établissements de MM. Solvay et Cie, rue du Prince-Royal, 34, Bruxelles.

Marchal, Émile, professeur à l'Institut agricole de Gembloux, membre de l'Académie royale de Belgique, chaussée de Namur, 42, Gembloux.

Marits, D., président de la Chambre syndicale pour la protection des inventeurs et des artistes industriels (Comité technique et scientifique) de la Chambre de commerce de Bruxelles, rue Jourdan, 106, Bruxelles.

---

(1) Délégué du Ministère des Affaires Économiques.
(4) Délégué du Ministère de l'Industrie, du Travail et du Ravitaillement.

Massart, J., professeur à l'Université de Bruxelles, membre de l'Académie royale de Belgique, avenue de la Chasse, 150, Etterbeek-Bruxelles.

Mathus, Ed. (⁴), inspecteur général de l'Industrie au Ministère de l'Industrie, du Travail et du Ravitaillement, Bruxelles.

Maury, J., sous-directeur au Ministère des Colonies, avenue de l'Opale, 73, Bruxelles.

Mavaut, O. (⁴), directeur général de l'Industrie au Ministère de l'Industrie, du Travail et du Ravitaillement, Bruxelles.

Nolf, Pierre, professeur à l'Université de l'État, à Liége, membre de l'Académie royale de Belgique, quai de la Boverie, 12, Liége.

Otlet, Paul, secrétaire général de l'Institut international de bibliographie, à Bruxelles, rue Fétis, 44, Bruxelles.

Pelseneer, L. (¹), industriel, délégué au Comité central industriel, rue de la Vanne, 25, Bruxelles.

Pelseneer, Paul, professeur à l'École normale de l'État, à Gand, secrétaire perpétuel de l'Académie royale de Belgique, boulevard Léopold, 56, Gand.

Peltzer, A. (¹), de la Firme Peltzer et fils, à Verviers.

Philippot, Hector, astronome à l'Observatoire royal de Belgique, à l'Observatoire royal de Belgique, Uccle-Bruxelles.

Philippson, capitaine commandant au service de la T. S. F. de l'armée belge, professeur à l'Université de Bruxelles, rue d'Arlon, 57, Bruxelles.

Picard, G. (¹), gérant des papeteries Olin, à Virginal, rue de la Montagne, 86, Bruxelles.

Regnier-Oury (¹), ingénieur, boulevard Frère-Orban, 17, Liége.

Renier, A. (⁴), ingénieur principal des Mines, chef du Service géologique au Ministère de l'Industrie, du Travail et du Ravitaillement, Bruxelles.

Repriels (¹), industriel, à Flémalle-Grande.

Rutot, A., conservateur au Musée royal d'Histoire naturelle de Belgique, membre de l'Académie royale de Belgique, rue de la Loi, 189, Bruxelles.

Solvay, Ernest, industriel, ministre d'État, rue des Champs-Élysées, Ixelles-Bruxelles.

Somville, Oscar, astronome à l'Observatoire royal de Belgique, avenue de la Floride, 64, Uccle-Bruxelles.

Stainier, X., professeur à l'Université de l'État, à Gand, Coupure, 27, Gand.

Stocq (¹), président de la Fédération nationale du Bâtiment et des Travaux publics, boulevard militaire, 69, Bruxelles.

(¹) Délégué du Ministère des Affaires Économiques.
(⁴) Délégué du Ministère de l'Industrie, du Travail et du Ravitaillement.

Stroobant, Paul, directeur adjoint de l'Observatoire royal de Belgique, professeur à l'Université de Bruxelles, membre de l'Académie royale de Belgique, avenue du Haut-Pont, 13, Ixelles-Bruxelles.

Stuyvaert, Modeste, professeur à l'Université de l'État, à Gand, membre de l'Académie royale de Belgique, chaussée de Bruxelles, 232, Gendbrugge.

Swarts, Frédéric, professeur à l'Université de l'État, à Gand, membre de l'Académie royale de Belgique, avenue Clémentine, 23, Gand.

Trasenster, G. (¹), directeur de la Société d'Ougrée, à Ougrée.

Uytborck, E. (¹), secrétaire général de l'Union des exploitations électriques, rue Royale, 156, Bruxelles.

Van Aubel, E., professeur à l'Université de l'État, à Gand, membre de l'Académie royale de Belgique, chaussée de Courtrai, 120, Gand.

Van Biesbroeck, G., astronome adjoint à l'Observatoire royal de Belgique, à Uccle.

Vanderlinden, Em., météorologiste à l'Institut royal météorologique de Belgique, à Uccle.

Vander Smissen (¹), rue des Cultes, 13, Bruxelles.

Vandeveld (¹), avenue de la Brabançonne, 12, Bruxelles.

Van Ermengem, E. (²), membre de l'Académie royale de médecine de Belgique, professeur à l'Université de l'État, à Gand, chaussée de Courtrai, 137, Gand.

Van Hoegaerden, F. (¹), administrateur-délégué de la Société anonyme des usines Cotonniers à Gand, Zele et Tubize, rue de Ligne, 29, Bruxelles.

Van Langenhove, Fernand (¹), directeur de l'Office des Études économiques et de la Documentation au Ministère des Affaires Économiques, avenue des Arts, 44, Bruxelles.

Verschaffelt, J.-E., professeur à l'Université de Bruxelles, membre de l'Académie royale de Belgique, avenue de la Floride, 8, Uccle-Bruxelles.

Vincent, Em., météorologiste, directeur ff. de l'Institut royal météorologique de Belgique, à Uccle.

Wibier, major, adjoint d'état-major, chef du Service de la T. S. F. de l'armée belge, rue de la Reïnette, 11, Bruxelles.

Willem, Victor (⁵), professeur à l'Université de l'État, à Gand, membre de l'Académie royale de Belgique, rue du Jardin, 53ᵗᵉʳ, Gand.

Willem-Verstraeten, industriel, fabrique d'acide sulfurique, Wondelghem-Gand.

(¹) Délégué du Ministère des Affaires Économiques.
(²) Délégué de l'Académie royale de médecine.
(⁵) Délégué du Ministère de l'Agriculture.

CANADA

Mc Lennan (Professor J. C.), F. R. S., professor of physics at the University of Toronto (Ont.).

Ruttan, R. F. M. D.-D. Sc., President of Royal Society of Canada, director of the Mc. Gill University, Montreàl.

ÉTATS-UNIS D'AMÉRIQUE

Adams, W. S., directeur adjoint de l'Observatoire solaire du Mont-Wilson, Pasadena (Cal.).

Bartow, Edward (Lt. Col.).

Bauer, L. A., directeur du Département du magnétisme terrestre du « Carnegie Institution of Washington », Washington, D. C.

Boss, Benjamin, directeur du Dudley Observatory, directeur du département d'Astrométrie méridienne de l'Institut Carnegie, Albany (N. Y.) éditeur de l' « *Astronomical Journal* », Albany (N. Y.)

Bowie, Wm. (Major). U. S. Coast and Geodetic Survey, Washington.

Campbell, W. W., directeur de l'Observatoire Lick, Mont-Hamilton (Californie).

Cottrell, F. G. Ph. D., Chief Metallurgist, U. S. Bureau of Mines, Washington.

Fox, Philip (Maj.), professeur d'Astronomie, Dearborn Observatory. Evanston (Ill.).

Gibson, C. L. Professor at Surgery Cornell medical College, New York City, 72 East, 54th str.

Graves, H. C.

Johnson, D. W. (Major).

Lamb, A. B. (Lt. Col.).

Littlehales, G. W., Hydrographic Engineer, U. S. Navy Department. Washington. D. C.

Mendenhall, C. E., professeur de physique à l'Université de Wisconsin, attaché scientifique à Londres, Madison, Wisconsin.

Mitchell, S. A., directeur de l'Observatoire Leander Mc. Cormick, Université de Virginia, à Charlottesville (Virginia).

Parsons, Ch. L., D. Sc., Chief Chimist, U. S. Bureau of Mines, Newarkstr. 3414, Washington.

Pennie, John C., A. B. C. E., avocat à New-York.

St. John, C. E., astronome à l'Observatoire de Mont-Wilson, Pasadena (Cal.).

Schlesinger, Frank, directeur de l' « Allegheny Observatory » à Pittsburgh (Pennsylv.).

Seares, F. H., chef de service et directeur des publications de l'Observatoire solaire de Mont-Wilson (Cal.).

Simpson, Edward (Capt.), U. S. Navy Hydrographer, Washington. D. C.

Stebbins, Joël, professeur d'astronomie à l'Université d'Illinois, directeur de l'Observatoire d'Urbana (Ill.).

Stratton, S. W.

Thayer, W. S., professeur de médecine à l'Université John Hopkins, Baltimore.

Washburn, E. W., professeur de chimie céramique à l'Université d'Illinois, à Urbana (Ill.).

Washington, H. S., Research assistant at Carnegie Geophysical Laboratory, Washington, attaché scientifique à Rome.

Watkius, J. T.

FRANCE

Andoyer, Henri, membre de l'Académie des Sciences et du Bureau des Longitudes, professeur d'astronomie physique à la Faculté des Sciences à la Sorbonne; rue Val-de-Grâce, 11, Paris (Ve).

Angot, Alfred, directeur du Bureau central météorologique de France, rue de l'Université, 176, Paris (VIIe).

Baillaud, Benjamin, membre de l'Académie des Sciences et du Bureau des Longitudes, directeur de l'Observatoire de Paris, à l'Observatoire de Paris (XIVe).

Barbet, Émile, ancien président de la Société des Ingénieurs civils de France, rue de l'Échelle, 5, Paris (Ier).

Béhal, Aug., membre de l'Académie de Médecine de Paris, professeur à l'École supérieure de Pharmacie, avenue de l'Observatoire, 4, Paris.

Bellot, André (le colonel), adjoint au directeur du service géographique de l'armée, rue Duroc, 17, Paris (VIIe).

Bigourdan, Guillaume, membre de l'Académie des Sciences et du Bureau des Longitudes, astronome à l'Observatoire de Paris, rue Cassini, 6, Paris (XIVe).

Bonaparte, Roland (Mgr le prince), membre de l'Académie des Sciences, avenue d'Iéna, 10, Paris (XVIe).

Caquot, ingénieur en chef des Ponts et Chaussées, ancien directeur de la section technique d'aviation, rue d'Assas, 58, Paris (VIe).

Charpy, Georges, membre de l'Académie des Sciences, sous-directeur technique à la Compagnie du Châtillon, Commentry et Neuves-Maisons, rue de Lille, 55, Paris (VIIe).

Chauffard, Anatole (Dr), membre de l'Académie de Médecine, rue de Bellechasse, 11, Paris (VIIe).

de Chardonnet, Hilaire Bernigaud (le comte), membre de l'Académie des Sciences, place Malesherbes, 22, Paris (XVIIe).

de la **Baume Pluvinel, Aymard** (le comte), correspondant du Bureau des Longitudes, avenue Raphaël, 26bis, Paris (XVIe).

Delage, Marie-Yves, membre de l'Académie des Sciences, professeur de zoologie, d'anatomie et de physiologie comparée à la Faculté des Sciences de Paris, rue du Docteur Berger, 14, Sceaux (Seine).

de **Launay, Louis**, membre de l'Académie des Sciences, rue de Babylone, 55, Paris (VIIe).

de la **Vaulx, Henri** (le comte), vice-président de la Fédération aéronautique internationale, rue Gaston de Saint-Paul, 2, Paris (XVIe).

Delbet, Pierre (le D^r), professeur à la Faculté de Médecine de Paris, rue du Bac, 24, Paris (VIIe).

Delezenne, Camille, membre de l'Académie de Médecine, professeur à l'Institut Pasteur, rue Mison, 6, Paris (XVe).

Deslandres, Henri, membre de l'Académie des Sciences et du Bureau des Longitudes, directeur de l'Observatoire d'astronomie physique de Meudon, avenue du Château, 39, Bellevue (Seine-et-Oise).

Dhé, Paul (le colonel), rue Notre-Dame-des-Champs, 42ter, Paris (VIe).

Drouets, Charles, directeur de l'Office national de la propriété industrielle, rue Saint-Martin, 292, Paris (IIIe).

Ferrié (le général), correspondant du Bureau des Longitudes, directeur technique de la T. S. F. militaire, boulevard de Montparnasse, 23, Paris (VIe).

Flahault, Charles, membre de l'Académie des Sciences, directeur de l'Institut de Botanique à la Faculté des Sciences de Strasbourg, à Strasbourg.

Gérard, J.-E., secrétaire général de la Confédération internationale des Associations de chimie, rue Huysmans, 1, Paris (VIe).

Grandidier, Guillaume, secrétaire général de la Société de Géographie, rue Gœthe, 2, Paris (XVIe).

Haller, Albin, membre de l'Académie des Sciences de Paris, membre associé de l'Académie royale de Belgique, professeur de chimie à la Faculté des Sciences de Paris, rue Vauquelin, 10, Paris (V^e).

Hamy, Maurice, membre de l'Académie des Sciences et du Bureau des Longitudes, astronome à l'Observatoire de Paris, rue de Rennes, 108, Paris (VIe).

Hanriot, Maurice, membre de l'Académie de Médecine, quai Conti, 11, Paris.

Hartmann, Henri (D^r), professeur à la Faculté de Médecine de Paris, place Malesherbes, 4, Paris (XVIIe).

Joubin, Louis, professeur au Muséum national d'Histoire naturelle, rue de l'Odéon, 21, Paris (VIe).

Koenigs, Gabriel, membre de l'Académie des Sciences, professeur de mécanique à la Faculté des Sciences de Paris, rue du Faubourg-Saint-Jacques, 77, Paris (XIVe).

Lacroix, Alfred, secrétaire perpétuel de l'Académie des Sciences, professeur de minéralogie au Muséum national d'Histoire naturelle, rue Humboldt, 23, Paris (XIVe), et rue de Buffon, 61, Paris.

Lallemand, Charles, membre de l'Académie des Sciences et du Bureau des Longitudes, directeur du Nivellement général de la France, boulevard Émile Augier, 58, Paris (XVIe).

Mainié, Ferdinand, président de l'Association des inventeurs et artistes industriels, membre de l'Office national de la protection industrielle, rue de Pétrograd, 2, Paris (VIIIe).

Marie, Charles, secrétaire général des Tables annuelles de constantes et données numériques de chimie, de physique et de technologie, rue de Bagneux, 9, Paris (VIe).

Moureu, Charles, membre de l'Académie des Sciences, professeur de chimie au Collège de France, rue Pierre Curie, 18, Paris (Ve).

Parenty, Henry, correspondant de l'Institut de France, avenue de Malakoff, 11, Paris.

Perrier, Edmond, membre de l'Académie des Sciences, directeur du Muséum d'Histoire naturelle, rue Cuvier, 57, Paris (Ve).

Picard, Émile, secrétaire perpétuel de l'Académie des Sciences et membre du Bureau des Longitudes, professeur d'analyse supérieure et d'algèbre supérieure à la Faculté des Sciences, rue Joseph Bara, 4, Paris (VIe).

Quenu, Édouard, membre de l'Académie des Sciences, professeur à la Faculté de Médecine de Paris, rue de Lisbonne, 10, Paris (VIIIe).

Rabut, Charles, ancien inspecteur général des Ponts et Chaussées, rue de l'Abbé de l'Epée, 14, Paris (Ve).

Renaud, J., membre du Bureau des Longitudes, rue Molitor, 48, Paris (XVIe).

Roule, Louis, professeur au Muséum national d'Histoire naturelle, rue Cuvier, 57, Paris (Ve).

Sebert, Hippolyte (le général), membre de l'Académie des Sciences, rue Brémontier, Paris (XVIIe).

Séjourné, Paul, sous-directeur de la Compagnie des Chemins de fer de Paris à Lyon et à la Méditerranée, rue Notre Dame-des-Champs, 82, Paris (VIIe).

Vaunois, Albert, avocat à la Cour d'Appel de Paris, membre de la Commission technique de l'Office national de la propriété industrielle, Faubourg-Saint-Honoré, 197, Paris (VIIIe).

Violle, Jules, membre de l'Académie des Sciences, professeur de physique au Conservatoire national des Arts et Métiers, boulevard Saint-Michel, 89, Paris (Ve).

Widal, membre de l'Académie des Sciences, professeur à la Faculté de Médecine de Paris, boulevard Haussmann, 155, Paris (VIIIe).

ROYAUME-UNI DE GRANDE-BRETAGNE ET D'IRLANDE.

Bateson, W. (D. Sc.), F. R. S., Director of the John Junes Horticultural Institution, The Manor House, Merton.

Chree, C. (D. Sc.), F. R. S., Superintendent of the Kew Observatory, Richmond.

Cowell, P. H. (D. Sc.), F. R. S., Superintendent of the Nautical Almanac Office, Shooters Hill, C. D. London, S. E. 3.

Dyson, Sir Frank, F. R. S., Astronome royal, Greenwich Observatory.

Fowler, A., Professor of Astrophysics, Imperial College of Science, Rusthall Avenue, 19, London. W. 4.

Glaisher, J. W. L. (D. Sc.), Trinity College, Cambridge.

Lamb, H. (D. Sc.), F. R. S., Professor of Mathematics at the University of Manchester.

Lees, C. H. (D. Sc.), F. R. S., Professor of Physics at the East London College, Dryhill Park, Tonbridge.

Lyons, H. G. (Colonel), F. R. S., Director of Science Museum, South Kensington, Crofton House, Ashtead, Surrey.

Newall, H. F., Professor of Astronomy at the University of Cambridge, Madingley Rise, Cambridge.

Sampson, R. A. (D. Sc.), F. R. S., Royal astronomer for Scotland, Royal observatory, Edinburgh.

Schuster, A. (D. Sc.), F. R. S., Secretary of the Royal Society, Yeldall, Twyford, Berkshire.

Sherrington., C., F. R. S., Professor of Physiology at the University of Oxford.

Starling, E., F. R. S., Professor of Physiology at University College, London.

Stratton, F. J. M., Astronome adjoint à l'Observatoire de Cambridge.

Turner, H. H., F. R. S., Professor of Astronomy at the University of Oxford, Blackhall Road, 9, Oxford.

Walker, G.-W., F. R. S, Chief Scientist at H. M. Minning School, Portsmouth.

Young, W. H., F. R. S, Professor of the History of Mathematics at the University of Liverpool.

ITALIE

Ciamician, Giacomo (Prof.-Sénat.), professeur à l'Université royale de Bologne, à Bologne.

Corbino, Orso Mario (Prof.), professeur à l'Université royale de Rome, président du Conseil supérieur « *per le Acque pubbliche* », à Rome.

Durante, Francesco (Prof.-Sénat.), professeur à l'Université royale de Rome, président de la Société royale de médecine de Rome, à Rome.

Fano, Giulio (Prof.-Sénat.), professeur à l'Université royale de Rome, président de la Commission scientifique pour l'alimentation, à Rome.

Fantolli, Gaudenzio (Prof.), professeur à l'Institut royal polytechnique supérieur de Milan, membre du Conseil supérieur « *delle Acque* », à Milan.

Marchiafava, Ettorè (Prof.-Sénat.), professeur à l'Université royale de Rome, à Rome.

Nasini, Raffaele (Prof.), professeur à l'Université royale de Pise, à Pise.

Palazzo, Luigi (Prof.), professeur à l'Université royale de Rome directeur de l'Office central de météorologie et de géodynamique, Rome.

Paterno, Emanuele (Prof.-Sénat.), professeur à l'Université royale de Rome, secrétaire de la Société italienne des sciences, Rome.

Pirelli, Giambattista (Sénateur), ingénieur, vice-président du Comité national scientifique et technique pour le développement de l'industrie, Établissements Pirelli, Milan.

Pirotta, Romualdo (Prof.), professeur à l'Université royale de Rome, vice-président de la Commission scientifique pour l'alimentation, Rome.

Reina, Vincenzo (Prof.), professeur à l'Université royale de Rome, vice-président de la Commission de géodésie, Rome.

Ricco, Annibale (Prof.), professeur à l'Université royale de Catania, directeur de l'Observatoire de l'Etna, président de la Société de spectroscopie, à Catania.

Righi, Augusto (Prof.-Sénat.), professeur à l'Université royale de Bologne, président de la Société italienne de physique, Bologne.

Volterra, Vito (Prof.-Sénat.), professeur à l'Université royale de Rome, membre de l'Académie royale « *De Lincei* » et chef de la délégation de cette Académie, Rome.

JAPON

Takanadate, Aikitu, professeur honoraire de l'Université impériale de Tokyo, membre de l'Académie impériale des Sciences, Hôngô-Tokyo.

NOUVELLE-ZÉLANDE

Dendy, **A**. (D. Sc.), F. R. S., Professor of Zoology at the University of London, Vale Lodge, Hampstead, London N. W. 3.

POLOGNE

Natanson, **Ladislas**, professeur à l'Université de Cracovie, membre de l'Académie polonaise des Sciences, rue Studeneka, à Cracovie.

PORTUGAL

Alves da Veiga, **A. M.**, Envoyé extraordinaire et Ministre plénipotentiaire de la République portugaise, à Bruxelles.

ROUMANIE

Mrazec, directeur de l'Institut géologique.

Saligny, ingénieur, ancien Ministre des Travaux publics.

SERBIE

Cvijić, **Iovan**, professeur de l'Université de Belgrade, membre de l'Académie royale de Serbie, Belgrade.

Pétrowitch, **Michel** (Capitaine), professeur à l'Université de Belgrade, membre de l'Académie royale de Serbie, à Belgrade.

STATUTS

DU

CONSEIL INTERNATIONAL DE RECHERCHES

(Approuvés en séance plénière, le 28 juillet 1919.)

I. — Objets du Conseil international.

1. Le Conseil international de Recherches a pour but :

a) De coordonner l'activité internationale dans les différentes branches de la science et de ses applications ;

b) De provoquer, conformément à l'article 1er des résolutions de Londres (octobre 1918) [1], la création d'Associations ou d'Unions internationales jugées utiles au progrès des sciences ;

c) D'orienter l'activité scientifique internationale dans les domaines où il n'existe pas d'Associations compétentes ;

d) D'entrer, par des moyens appropriés, en relation avec les Gouvernements des pays adhérents pour recommander l'étude de questions qui sont de sa compétence.

---

[1] « Aussitôt que les circonstances le permettront, les conventions relatives aux Associations scientifiques internationales seront, conformément aux statuts ou règlements propres à chacune d'elles, dénoncées par les groupements compétents des Nations en guerre avec les Empires centraux.

» Les nouvelles Associations reconnues utiles au progrès des sciences et de leurs applications seront établies, dès maintenant, par les Nations en guerre avec les Empires centraux, avec le concours éventuel des Neutres. »

II. — Siège.

2. Le siège légal du Conseil international de Recherches est fixé à Bruxelles, où se tiendront les Assemblées générales et où seront conservées les archives.

Les dons et legs seront reçus et gérés suivant la législation belge.

III. — Admissions.

3. Pourront participer à la fondation du Conseil international de Recherches et des Associations qui lui sont rattachées, ou y adhérer ultérieurement, les pays dont les noms suivent :

Belgique, Brésil, États-Unis, France, Royaume-Uni de Grande-Bretagne et d'Irlande, Australie, Canada, Nouvelle-Zélande, Afrique du Sud, Grèce, Italie, Japon, Pologne, Portugal, Roumanie, Serbie.

Lorsqu'une Association sera constituée, les nations non comprises dans l'énumération précédente, mais rentrant dans les conditions de l'article 1er des résolutions de la Conférence de Londres, pourront y être admises, soit sur leur demande, soit sur la proposition de l'un des pays faisant déjà partie de l'Association.

Cette demande ou cette proposition sera soumise à l'Association intéressée, qui décidera à la majorité des trois quarts des voix de l'ensemble des pays déjà associés.

4. Un pays peut adhérer au Conseil international de Recherches ou aux Associations qui lui sont rattachées soit par son Académie nationale, soit par son Conseil national de Recherches, soit par d'autres institutions ou groupements d'institutions nationales similaires, soit par son Gouvernement.

5. Les statuts des Associations rattachées au Conseil international de Recherches devront être approuvés par celui-ci.

IV. — Administration du Conseil.

6. Les travaux du Conseil sont dirigés par l'Assemblée générale formée de l'ensemble des délégués accrédités à cette fin par les pays adhérents.

7. Il est constitué un *Comité exécutif* qui gère les affaires du Conseil dans l'intervalle de deux Assemblées générales, conformément aux résolutions prises à la session précédente.

Ce Comité comprend cinq membres élus par l'Assemblée générale ([1]).

8. Le Bureau du Comité exécutif comprend un Président, deux Vice-Présidents et un Secrétaire général, élus par l'Assemblée générale ; ils demeurent en fonctions jusqu'à la fin de la deuxième Assemblée générale qui suit celle de leur élection. Exceptionnellement, le mandat du Président et de l'un des Vice-Présidents élus à la fondation du Conseil cesse à la fin de la première Assemblée générale qui suit celle de leur élection. Les membres sortants sont rééligibles.

9. Le Secrétaire général expédie la correspondance et assure la gestion des ressources, ainsi que la préparation et la distribution des publications décidées par l'Assemblée générale.

10. Le Comité exécutif peut pourvoir aux vacances qui surviendraient dans son sein.

Toute personne désignée dans ces conditions demeure en fonctions jusqu'à la réunion de l'Assemblée générale suivante, qui doit procéder à une élection définitive. Le membre ainsi élu achève le mandat de celui qu'il s'agissait de remplacer.

([1]) Les articles 7 et 8 seront éventuellement revisés. Le Comité exécutif, élu en 1919, cessera son mandat à la prochaine Assemblée générale.

V. — Attributions du Comité exécutif.

11. Dans l'intervalle de deux Assemblées générales, le Comité exécutif peut soumettre des propositions à l'approbation des organismes adhérents; il est tenu de le faire lorsqu'il en est requis par un tiers des voix des pays faisant partie de l'Association.

12. Le Comité exécutif peut nommer des Commissions spéciales pour l'étude de toute question de la compétence du Conseil international de Recherches ; leurs membres ne sont pas nécessairement choisis parmi les délégués près le Conseil international de Recherches. Ces Commissions spéciales peuvent, à leur tour, s'adjoindre, par cooptation, de nouveaux membres à la majorité des deux tiers des voix de ceux qui les composent.

13. Le Comité exécutif doit présenter un rapport annuel à l'organisme de chaque pays adhérent au Conseil.

Ces rapports sont aussi envoyés aux délégués à l'Assemblée générale précédente.

VI. — Assemblées générales.

14. Le Conseil se réunit en principe tous les trois ans, en Assemblée générale ordinaire. Si l'époque de cette réunion n'a pas été arrêtée par l'Assemblée générale précédente, elle est fixée par le Comité exécutif et communiquée, quatre mois au moins à l'avance, aux divers organismes adhérents.

15. Dans des cas spéciaux, le Président peut, avec le consentement du Comité exécutif, convoquer une Assemblée générale extraordinaire; il est tenu de le faire à la demande d'un tiers des voix des pays adhérents.

16. Les délégués des divers pays près l'Assemblée générale sont nommés par les organismes adhérents au Conseil international de Recherches.

17. Le Président du Comité exécutif peut, de sa propre initiative, inviter des hommes de science, non délégués mais appartenant aux pays adhérents, à assister, à titre consultatif, aux séances de l'Assemblée générale.

Les membres des Commissions spéciales mentionnées à l'article 12, ont le droit d'assister, dans les mêmes conditions, aux séances de l'Assemblée générale où sont traitées les questions rentrant dans leurs attributions.

18. L'ordre du jour d'une session est fixé par le Comité exécutif et communiqué au moins quatre mois avant l'ouverture de cette session. Toute question ne figurant pas à l'ordre du jour n'est prise en considération qu'avec l'assentiment préalable de la moitié au moins des voix des pays représentés à l'Assemblée générale.

VII. — Budget et Droit de vote.

19. Le Comité exécutif prépare un budget de prévision pour chaque année de la période comprise entre deux sessions. Une Commission financière, nommée par l'Assemblée générale, est chargée de l'étude de ce budget et de la vérification des comptes de l'exercice précédent. Elle établit, sur ces deux questions, des rapports distincts qui sont soumis à l'Assemblée générale.

A la suite de cet examen financier, le Conseil fixe le taux de la part contributive unitaire.

La cotisation due par un pays et le nombre correspondant de

voix qui lui sont attribuées sont réglés d'après le barème suivant :

Population du pays.	Nombre de voix.	Nombre de parts unitaires contributives.
Moins de 5 millions d'habitants.	1	1
Entre 5 et 10 id.	2	2
Id. 10 et 15 id.	3	3
Id. 15 et 20 id.	4	5
Plus de 20 id.	5	8

Les habitants des colonies et protectorats d'un pays sont comptés dans la population de ce pays, si celui-ci le désire et d'après les indications de son Gouvernement.

Chaque Dominion (Afrique du Sud, Australie, Canada, Nouvelle-Zélande) a un nombre de voix correspondant à sa population et fixé d'après le barème précédent.

La cotisation unitaire perçue pendant la première période de la Convention ne pourra dépasser 250 francs annuellement.

Dans chaque pays, l'autorité qui adhère au Conseil est responsable du paiement de la cotisation de ce pays.

20. Les recettes du Conseil provenant des contributions des divers pays sont consacrées aux dépenses du Bureau.

Les ressources provenant de dons sont utilisées par le Conseil international de Recherches en tenant compte des désirs exprimés par les donateurs.

Tout pays qui se retire du Conseil international de Recherches abandonne de ce fait ses droits à l'actif de l'Association.

21. Dans les Assemblées générales, les résolutions concernant les questions d'ordre scientifique sont prises à la majorité des voix de tous les délégués présents. Pour les questions d'ordre administratif et pour les questions mixtes, le vote a lieu par État, le nombre de voix de chaque État étant fixé à l'article 19. S'il y a doute sur la catégorie dans laquelle doit être rangée une question à discuter, le Président décide.

Dans les Commissions, les décisions sont prises à la majorité des voix des membres qui les composent et non par pays.

En toutes circonstances, s'il y a égalité de voix, celle du Président est prépondérante.

22. Pour les questions administratives figurant à l'ordre du jour, un pays qui n'est pas représenté peut envoyer par écrit son vote au Président. Pour être valable, ce vote doit être reçu avant le dépouillement du scrutin.

VIII. — Durée de la Convention et Modifications.

23. La présente Convention entrera en vigueur le 1er janvier 1920, à la condition que trois au moins des pays mentionnés à l'article 3 y aient adhéré. Elle sera valable jusqu'au 31 décembre 1931. Après cette date, elle sera renouvelée pour une autre période de douze ans, avec l'assentiment des pays adhérents.

24. Aucun changement ne pourra être apporté aux termes de la présente Convention sans l'approbation des deux tiers des voix des pays intéressés.

25. Le présent texte français servira exclusivement pour l'interprétation à donner aux articles de la Convention.

STATUTS

DE

L'UNION ASTRONOMIQUE INTERNATIONALE

(Adoptés en séance plénière, le 26 juillet 1919)

I. — Objets de l'Union et Conditions d'admission.

1. L'Union astronomique a pour but :

1° De faciliter les relations entre les astronomes des divers
pays lorsqu'il est utile ou nécessaire d'avoir recours
à une coopération internationale ;

2° De favoriser l'étude de l'Astronomie dans toutes ses
branches.

2. L'admission d'un pays à l'Union est subordonnée aux
conditions fixées par les statuts du Conseil international de
Recherches.

II. — Comités nationaux.

3. Un Comité national est constitué dans chacun des pays
adhérents à l'Union. Il est créé sur l'initiative, soit de son
Académie nationale, soit de son Conseil national de Recherches
ou d'autres institutions ou groupements d'institutions nationales similaires, soit de son Gouvernement.

4. Les Comités nationaux ont pour attributions de faciliter et de coordonner, sur leurs territoires respectifs, l'étude des diverses branches de l'Astronomie, envisagées principalement au point de vue international. Chaque Comité national, soit seul, soit de concert avec un ou plusieurs autres Comités nationaux, a le droit de soumettre à l'Union des questions à discuter rentrant dans la compétence de celle-ci.

Les Comités nationaux désignent les délégués chargés de les représenter aux Assemblées de l'Union.

III. — Administration de l'Union.

5. Les travaux de l'Union sont dirigés par l'*Assemblée générale* des délégués.

6. Le « Bureau » de l'Union comprend un Président, cinq Vice-Présidents au plus et un Secrétaire général élus par l'Assemblée générale ; ils demeurent en fonctions jusqu'à la fin de la deuxième Assemblée générale ordinaire qui suit celle de leur élection. Exceptionnellement, le mandat du Président et de trois des Vice-Présidents (désignés par un tirage au sort) nommés à la fondation de l'Union, expire à la fin de la première Assemblée générale ordinaire qui suit celle de leur élection.

Ce Bureau forme le *Comité exécutif* de l'Union.

Les membres sortants sont rééligibles.

Les cinq Vice-Présidents sont choisis de manière à représenter les différentes branches de l'astronomie.

Le Comité exécutif peut pourvoir aux vacances qui surviendraient dans son sein. Toute personne désignée dans ces conditions demeure en fonctions jusqu'à la réunion de l'Assemblée générale suivante, qui doit procéder à une élection définitive. Le membre ainsi élu achève le mandat de celui qu'il s'agissait de remplacer.

Il existe, en outre, un *Bureau administratif*, qui, sous la direction du Secrétaire général de l'Union, expédie la correspondance, gère les ressources et assure la conservation des archives ainsi que la préparation et la distribution des publications approuvées par l'Assemblée générale.

IV. — Commissions.

7. L'Union nomme des *Commissions* pour l'étude de sujets déterminés d'astronomie, pour l'encouragement d'entreprises collectives et pour l'examen de questions de convention et de standardisation.

Ces Commissions présentent des rapports sur les travaux dont elles sont chargées.

8. Le Président et les membres de chacune de ces Commissions sont élus par l'Assemblée générale sur la proposition du Comité exécutif de l'Union. Ils restent en fonctions jusqu'à la fin de l'Assemblée générale ordinaire suivante et sont rééligibles.

Lorsqu'une Commission comprend des membres désignés en partie par l'Union astronomique et en partie par une autre Union rattachée au Conseil international de Recherches, elle a la faculté d'élire elle-même son Président.

Les Commissions établissent elles-mêmes leur règlement d'ordre intérieur ; elles peuvent s'adjoindre, par cooptation et à la majorité des deux tiers des voix, de nouveaux membres appartenant aux pays représentés près l'Union et qui ne sont pas nécessairement délégués.

9. Avec l'approbation du Comité exécutif, une Commission peut avoir ses propres publications et confier une partie quelconque de ses travaux à des institutions nationales ou même à des particuliers.

V. — Assemblées générales.

10. L'Union se réunit en principe tous les trois ans en Assemblée générale ordinaire. Si l'époque et le lieu de cette réunion n'ont pas été arrêtés par l'Assemblée générale précédente, ils sont fixés par le Comité exécutif et communiqués, quatre mois au moins à l'avance, aux organismes adhérents.

11. Dans des cas spéciaux, le Président peut, avec le consentement du Comité exécutif, convoquer une Assemblée générale extraordinaire; il est tenu de le faire à la demande d'un tiers des voix des pays adhérents.

12. Tous les membres des Comités nationaux peuvent assister aux réunions de l'Assemblée générale et prendre part aux discussions, mais seulement avec voix consultative. Le Président de l'Union peut inviter des hommes de science, non délégués, mais appartenant à des pays adhérents, à assister, à titre consultatif, aux séances de l'Assemblée générale.

Les membres, non délégués, des Commissions mentionnées à l'article 8, ont le droit d'assister, dans les mêmes conditions, aux séances de l'Assemblée générale où sont traitées les questions rentrant dans leurs attributions.

13. L'ordre du jour d'une session est fixé par le Comité exécutif et communiqué au moins quatre mois avant l'ouverture de cette session. Toute question ne figurant pas à l'ordre du jour n'est prise en considération qu'avec l'assentiment préalable de la moitié au moins des voix des pays représentés à l'Assemblée générale.

VI. — Budget et Droit de vote.

14. Le Comité exécutif prépare un budget de prévision pour chaque année de la période comprise entre deux sessions. Une Commission financière, nommée par l'Assemblée générale, est chargée de l'étude de ce budget et de la vérification des comptes de l'exercice précédent. Elle établit, sur ces deux questions, des rapports distincts qui sont soumis à l'Assemblée générale.

A la suite de cet examen financier, l'Union fixe le taux de la part contributive unitaire.

La cotisation due par un pays et le nombre correspondant de voix qui lui sont attribuées sont réglés d'après le barème suivant :

Population du pays.	Nombre de voix.	Nombre de parts unitaires contributives.
Moins de 5 millions d'habitants.	1	1
Entre 5 et 10 id.	2	2
Id. 10 et 15 id.	3	3
Id. 15 et 20 id.	4	5
Plus de 20 id.	5	8

Les habitants des colonies et protectorats d'un pays sont comptés dans la population de ce pays, si celui-ci le désire, et d'après les indications de son Gouvernement.

Chaque Dominion (Afrique du Sud, Australie, Canada, Nouvelle-Zélande) a un nombre de voix correspondant à sa population et fixé d'après le barème précédent.

La cotisation unitaire perçue pendant la première période de la Convention ne pourra dépasser 1,500 francs annuellement.

Dans chaque pays, l'autorité qui adhère à l'Union est responsable du paiement de la cotisation de ce pays.

15. Les recettes de l'Union provenant des contributions des divers pays sont consacrées à payer :

1° Les frais de publication et les dépenses accessoires d'administration ;

2° Les frais de réduction et de discussion des observations, y compris la rémunération d'assistants.

Les ressources provenant de dons sont utilisées par l'Union en tenant compte des désirs exprimés par les donateurs.

Tout pays qui se retire de l'Union abandonne de ce fait ses droits à l'actif de l'Association.

16. Dans les Assemblées générales, les résolutions concernant les questions d'ordre scientifique sont prises à la majorité des voix de tous les délégués présents. Pour les questions d'ordre administratif et pour les questions mixtes, le vote a lieu par État, le nombre de voix de chaque État étant fixé à l'article 14.

S'il y a doute sur la catégorie dans laquelle doit être rangée une question à discuter, le Président décide.

Dans les Commissions, les décisions sont prises à la majorité des voix des membres qui les composent et non par pays.

En toutes circonstances, s'il y a égalité de voix, celle du Président est prépondérante.

17. Pour les questions administratives figurant à l'ordre du jour, un pays qui n'est pas représenté peut envoyer par écrit son vote au Président. Pour être valable, ce vote doit être reçu avant le dépouillement du scrutin.

VII. — Règlements intérieurs.

18. L'Assemblée générale peut édicter des règlements intérieurs concernant, soit la conduite de ses travaux, soit les devoirs généraux qui incombent aux membres du Comité de l'Union, soit, en général, tous objets non prévus dans les statuts.

De même, chaque Commission peut élaborer des règlements pour la conduite de ses propres travaux. Avant d'entrer en vigueur, ces règlements doivent être approuvés par l'Assemblée générale; aucun d'eux ne peut contenir de prescriptions contraires aux termes de la présente Convention.

VIII. — Durée de la Convention et Modifications.

19. La présente Convention est valable jusqu'au 31 décembre 1931. Après cette date, elle sera renouvelée pour une autre période de douze ans, avec l'assentiment des pays adhérents.

20. Aucun changement ne pourra être apporté aux termes de la présente Convention sans l'approbation des deux tiers des voix des pays intéressés.

21. Le présent texte français servira exclusivement pour l'interprétation à donner aux articles de la Convention.

—

UNION ASTRONOMIQUE INTERNATIONALE

—

COMPOSITION DES COMMISSIONS (1)

(Arrêtée en séance plénière, le 26 juillet 1919)

—

1. **Commission de la relativité :**

   Président : M. Eddington.

   Membres : MM. Armellini, Brillouin, H.-D. Curtis, De Donder, Ishiwara, Jeans, Levi-Civita, E. Picard.

2. **Commission de réédition d'ouvrages anciens :**

   Président : M. Dreyer.

   Membres : MM. Bigourdan, Birkenmayer, Crew, Knobel, Mascart, Terao.

3. **Commission des notations, des unités et de l'économie des publications :**

   Président : M. Stroobant.

   Membres : MM. Bigourdan, Boss, Deslandres, Dyson, Frost, Turner.

4. **Commission des éphémérides :**

   Président : M. Cowell.

   Membres : MM. Andoyer, Brown, Dyson, Eichelberger.

---

(1) Les Commissions peuvent s'adjoindre, par cooptation et à la majorité des deux tiers des voix, de nouveaux membres appartenant aux pays représentés près l'Union et qui ne sont pas nécessairement délégués.

5. Commission des analyses de travaux et de bibliographie :

Président : M. B. Baillaud.

Membres : MM. Bigourdan, H. D. Curtis, Fowle, Knobel, Millosevich, Stroobant.

6. Commission des télégrammes astronomiques :

Président : M. Lecointe.

Membres : MM. Bailey, B. Baillaud.

7. Commission de l'Astronomie dynamique et des tables astronomiques :

Président : M. Andoyer.

Membres : MM. Brown, Cowell, Glaisher, Hamy, Leuschner, Moulton, Sampson.

8. Commission de l'Astronomie méridienne (y compris l'étude de la réfraction) :

Président : M. Hough.

Membres : MM. Antoniazzi, de la Baume Pluvinel, Bigourdan, Boss, Dyson, Eddington, Gonnessiat, Hamy, Di Legge, Littell, Philippot, Porter, Tucker, ... (Australien).

9. Commission des recherches optiques théoriques et appliquées relatives à l'Astronomie et à l'étude physique des instruments :

Président : M. Hamy.

Membres : MM. Carty, Conrady, Cotton, Delvosal, Fabry, Littell, Lunn, Sampson.

10. Commission de la radiation solaire :

Président : M. Abbot.

Membres : MM. Bemporad, Callendar, Deslandres, Fowle, Gorczynski.

11. Commission des spectro-hélio-enregistreurs des vitesses :

Président : M. Deslandres.

12. Commission de l'atmosphère solaire :

Président : M. Hale.

Membres : MM. Deslandres, Evershed, Fowler, Hirayama, Lee, Newall, Pérot, Ricco, St. John.

13. **Commission des expéditions astronomiques, éclipses, etc.**

   Président : M. de la Baume Pluvinel.

   Membres : MM. Angot, Barnard, Campbell, Deslandres, Fowler, Hinks, Mitchell, Palazzo, Riccò.

14. **Commission des étalons de longueur d'onde et tables de spectres solaires :**

   Président : M. St. John.

   Membres : MM. Babcock, Fabry, Fowler, Hamy, Meggers, Merton, Nagaoka, Newall, Pérot, Wright.

15. **Commission de la rotation solaire :**

   Président : M. Newall.

   Membres : MM. Adams, Deslandres, Evershed, De Lury, Pérot, Sampson, St. John.

16. **Commission des observations physiques de planètes :**

   Président : M. Cerulli.

   Membres : MM. Barnard, Deslandres, Jarry-Desloges, Lampland, Mascart, Philipps, Stroobant, H. Thomson.

17. **Commission de nomenclature lunaire :**

   Président : M. Turner.

   Membres : Miss Blagg, MM. Bigourdan, W. H. Pickering, Puiseux.

18. **Commission des longitudes par télégraphie sans fil :**

   Président : M. le général Ferrié.

   Membres : MM. Bigourdan, Carty, Delporte, Dyson, Hamy, Hoogewerff, Hough, Nakano, Sampson.

19. **Commission de la variation des latitudes :**

   Président : M. Kimura.

   Membres : MM. de la Baume Pluvinel, Bianchi, Bigourdan, Brillouin, Celoria, Hills, Jeffreys, Jones, Larmor, Littell, Reina, Ross, Schlesinger, Volta.

20. Commission des petites planètes :

Président : M. Brown.

Membres : MM. Ant. Abetti, Andoyer, Bigourdan, Bourget, Cowell, Crommelin, Fayet, Gonnessiat, Krassowski, Leuschner, Metcalf, Millosevich, Stroobant.

21. Commission des comètes :

Président : M. Leuschner.

Membres : MM. Andoyer, Barnard, de la Baume Pluvinel, Crommelin, Deslandres, Fayet, Fowler.

22. Commission des étoiles filantes :

Président : M. Denning.

Membres : Mrs Wilson, MM. Deslandres, Lebeuf, Mitchell, Olivier.

23. Commission de la carte du ciel :

Président : M. Turner.

Membres : MM. Baillaud, Balbi, Baldwin, Bemporad, Bhaskaran, Cook, Cosserat, Curlewis, Delvosal, Dyson, Gonnessiat, Hough, Lecointe, L. Picart, Riccò, Sampson, Schlesinger.

24. Commission des parallaxes stellaires :

Président : M. Schlesinger.

Membres : MM. G. Abetti, Adams, Bigourdan, Cosserat, Davidson, Dyson, Fox, Miller, Mitchell, Rambaut, Van Biesbroeck.

25. Commission de photométrie stellaire :

Président : M. Seares.

Membres : Miss Leavitt, MM. Baillaud, Eddington, Halm, Melotte, Parkhurst, Sampson, Turner.

26. Commission des étoiles doubles :

Président : M. Aitken.

Membres : MM. G. Abetti, Bigourdan, Doolittle, Espin, Fox, Hussey, Jackson, Jonckheere, Van Biesbroeck.

27. Commission des étoiles variables :

Président : M. Bailey.

Membres : MM. Bemporad, Brook, Cosserat, Jordan, Markwick, Mascart, Paci, Philipps, Plummer, Russell, Shapley, Stebbins, Turner.

28. Commission des nébuleuses :

Président : M. Bigourdan.

Membres : MM. Deslandres, Dreyer, Fabry, Knox-Shaw, Newall, Reynolds, Slipher, Wright.

29. Commission de classification spectrale des étoiles :

Président : M. Adams.

Membres : Miss Cannon, MM. R. H. Curtiss, Fowler, de Gramont, Hamy, Newall, Plaskett, Russell.

30. Commission des vitesses radiales stellaires :

Président : M. Campbell.

Membres : MM. Adams, Deslandres, Hamy, Lunt, Newall, Plaskett.

31. Commission de l'heure :

Président : M. Sampson.

Membres : MM. Baillaud, Bigourdan, Celoria, Dyson, général Ferrié, Hoogewerff, Hough, Lecointe, Philippot.

32. Commission de la réforme du calendrier :

Présidents : 1. Cardinal Mercier, 2. M. Bigourdan.

Membres : MM. Campbell, Crawford, Deslandres, Dyson, Lecointe, Millosevich, Riccò, Sampson,

UNION ASTRONOMIQUE INTERNATIONALE

COMMISSION INTERNATIONALE DE L'HEURE

Règlement d'ordre intérieur.

(Adopté en séance plénière, le 26 juillet 1919.)

ARTICLE PREMIER. — Il est créé une Commission internationale de l'Heure, ayant pour objet l'unification de l'heure par l'envoi de signaux radiotélégraphiques ou autres, qu'il s'agisse de signaux scientifiques de haute précision ou de signaux ordinaires, répondant aux besoins de la navigation, de la météorologie, de la sismologie, des chemins de fer, postes et télégraphes, des administrations publiques, horlogers, particuliers, etc.

ART. 2. — Le siège de la Commission est établi à Paris.

ART. 3. — Le Bureau se compose du Président, du Vice-Président et du Secrétaire général ; ces deux derniers sont élus par la Commission elle-même. Le Secrétaire général, dont le mandat se termine au 31 décembre 1931, remplit les fonctions de Directeur du Bureau international de l'Heure.

ART. 4. — Le Bureau international de l'Heure, établi à l'Observatoire national de Paris, a pour objet :

1° Pour ce qui touche les signaux ordinaires, de centraliser les résultats des déterminations de l'heure universelle, exprimée en temps de Greenwich, qui lui seront transmis par les centres horaires nationaux, chargés eux-mêmes de calculer, de la manière la plus exacte, l'heure moyenne, déduite des déterminations faites par les Observatoires de leur propre pays. Ces résultats sont communiqués aussi vite que possible aux stations émettrices et aux centres nationaux ;

2° Pour ce qui regarde les signaux scientifiques, de centraliser les déterminations de l'heure faites dans les Observatoires associés et d'en déduire l'heure la plus exacte.

Le Bureau international de l'Heure publie les résultats de ces comparaisons. Pour ceux de ces résultats qui ne seraient pas promptement publiés, il les communique en détail, sur leur demande, aux Associations et Établissements scientifiques officiels.

Art. 5. — Le Bureau international de l'Heure peut comprendre, outre le Directeur :

1° Des collaborateurs scientifiques nommés et révoqués par la Commission sur la proposition du Directeur du Bureau international ; ils sont chargés, avec ou sans indemnité, d'études spéciales et déterminées. Leur mandat n'excède pas deux années ; il peut être renouvelé ;

2° Des assistants scientifiques et des aides, nommés et révoqués par le Directeur du Bureau international. Ils sont chargés des travaux figurant au programme arrêté par la Commission. Leur mandat n'excède pas quatre années et peut être renouvelé.

Le Budget détermine le montant des sommes allouées pour chacune des catégories de ce personnel.

Art. 6. — Le Directeur du Bureau international publie les résultats des travaux exécutés conformément aux décisions de la Commission. Il présente, chaque année, au Président un

Rapport embrassant tout le champ d'activité de ce Bureau. Il doit aussi lui soumettre le programme des travaux à exécuter l'année suivante. Ce Rapport annuel et le programme des travaux sont imprimés.

En sa qualité de Secrétaire général, le Directeur du Bureau international de l'Heure, d'accord avec le Président, rédige la correspondance et gère les ressources. Il assure la conservation des archives.

Art. 7. — Le Directeur du Bureau international dresse un projet de budget qui, après approbation du Président et de la Commssion, est soumis à l'Union astronomique internationale.

Art. 8. — Les crédits accordés à la Commission sont employés :

a) A couvrir les frais d'administration et de publication;

b) A solder l'indemnité du Secrétaire général, Directeur du Bureau international de l'Heure;

c) A payer les subventions ou rémunérations dues, soit pour des travaux de calculs et d'observations, soit pour les expériences ordonnées par la Commission;

d) A pourvoir aux dépenses nécessitées par l'achat et l'entretien du matériel du Bureau international de l'heure.

L'emploi des sommes ainsi attribuées est fait sous la responsabilité du Directeur du Bureau international de l'Heure et sous le contrôle de l'Union astronomique.

Art. 9. — Les présents statuts demeureront valables jusqu'au 31 décembre 1931.

UNION ASTRONOMIQUE INTERNATIONALE

BUREAU CENTRAL INTERNATIONAL DES TÉLÉGRAMMES ASTRONOMIQUES

Règlement d'ordre intérieur.

(Adopté en séance plénière, le 26 juillet 1919.)

1. Le Bureau central a pour but de recevoir, de centraliser et de transmettre aux divers établissements et personnes abonnés, soit par voie télégraphique, soit par correspondance, des renseignements relatifs à des découvertes, des observations et des calculs astronomiques.

2. Le siège du Bureau central est établi à l'Observatoire royal de Belgique, à Uccle; il est dirigé par le chef de cet établissement.

3. Le Bureau central est placé sous le contrôle direct de la Commission des télégrammes astronomiques.

4. Les Observatoires et établissements similaires peuvent s'abonner au Bureau central des télégrammes astronomiques. Tous les abonnés supportent également les frais généraux du Bureau central. Au début de chaque année, la Commission, sur la proposition du directeur, fixe la cotisation annuelle qui ne peut être supérieure à 25 francs, et qui se paie par anticipation. Ces fonds soldent exclusivement les frais d'impression de circulaires et de correspondance. Chaque abonné rembourse, en outre, le prix des télégrammes qui lui sont adressés.

5. Un relevé de toutes les dépenses est fait à la fin de chaque année.

6. Les abonnés accordent au Bureau central la priorité de leurs découvertes, observations ou calculs importants.

Les frais occasionnés par les envois de télégrammes, lancés à cette occasion, sont intégralement remboursés aux intéressés.

7. Le Bureau central s'efforce d'atteindre ses abonnés de toutes les parties du monde, en passant, au besoin, des conventions spéciales avec des Observatoires ou des centres secondaires situés dans d'autres continents et servant de relais.

8. Le Bureau central prend toutes les mesures désirables pour réduire à un minimum les frais de transmission; à cet effet, il continue à se servir du système chiffré en usage depuis plusieurs années.

REMARQUES

A. — *Les télégrammes expédiés au Bureau Central doivent porter l'adresse :*

ASTRA BRUXELLES

B. — *Les abonnés sont invités à faire connaître au Directeur de l'Observatoire royal de Belgique, à Uccle,* **l'adresse télégraphique, simplifiée si possible,** *à laquelle les découvertes doivent leur être signalées.*

—

Séance de clôture

(Union Astronomique internationale)

—

DISCOURS DE M. B. BAILLAUD

Directeur de l'Observatoire de Paris.

Messieurs et chers Collègues,

Je voudrais vous dire, au point de vue international, quelques mots de la période astronomique que nous avons vécue nous-mêmes, et de celle qui s'ouvre aujourd'hui.

Personnellement, mes plus anciens souvenirs remontent à l'entreprise internationale du catalogue des étoiles jusqu'à la grandeur 9,0 fondée, en 1867, par l'*Astronomische Gesellschaft : suum cuique!* puis aux expéditions préparées, pour l'observation en 1874 et en 1882, des passages de Vénus sur le Soleil, en vue spécialement de déterminer la parallaxe de notre foyer central. Il avait été tenu une Conférence internationale préparatoire ; cependant ces expéditions n'étaient pas encore des associations internationales, mais des coopérations à une même œuvre. La question était des plus difficiles ; on fit, à la fois, des observations visuelles et des photographies ; les discussions furent longues; elles donnèrent des résultats plus ou moins concordants, différant sensiblement des valeurs alors admises.

C'était presque une association que cette coopération internationale pour l'application d'un programme déterminé, provoquée par sir David Gill, ce grand astronome et, en même temps, ce merveilleux entraîneur d'hommes qui, pour la valeur de la parallaxe solaire, donna des résultats certains par des observations des planètes Victoria, Iris, Sappho faites dans vingt-deux observatoires.

Un peu plus tard, sur l'initiative de Gill et celle de l'amiral Mouchez, eut lieu, en 1897, la réunion mémorable du Congrès tenu à Paris pour la formation d'une carte photographique du Ciel et d'un catalogue des positions précises de plus de deux millions d'étoiles. Le Comité international permanent, alors constitué, a tenu à Paris cinq réunions depuis cette date. Au cours de l'exécution de l'œuvre, ce Comité organisa dans tous ses détails, pour l'observation d'Éros, une coopération de cinquante-sept observatoires qui a si brillamment confirmé le résultat donné par les trois planètes.

A côté de cette entreprise se plaça l'Union des études solaires qui, fondée à Saint-Louis, tint des Conférences à Oxford, Meudon, Mount Wilson et Bonn.

D'autres entreprises moins importantes furent faites encore : les dernières ont été la détermination, en 1913-1914, par T. S. F., de la différence de longitude entre Washington et Paris, et la formation d'une Association internationale de l'Heure par deux Conférences tenues en 1912 et 1913, dont la seconde était à la fois technique et diplomatique. Ces réunions avaient été précédées en 1896 et 1909 par des Conférences des Éphémérides.

A mesure que les Associations internationales astronomiques se multipliaient, s'en créaient d'autres analogues pour la géodésie et les diverses branches de la géophysique. Un certain nombre de savants de la plus grande valeur s'intéressaient à plusieurs de

ces sciences et, dans la nécessité d'assister aux réunions, pas-
saient en voyages une partie notable de leur temps. On étudiait
les moyens de faire coïncider les déplacements de manière à les
rendre moins fréquents et aussi moins coûteux quand, en
août 1914, la guerre éclata.

Je ne redirai pas une fois de plus les raisons qui nous ren-
dirent insupportable l'idée que nous pourrions, dans l'avenir,
nous retrouver en contact avec les savants des Empires centraux.
La guerre terminée, l'on s'est préoccupé de reconstituer les
associations anciennes sans les Allemands.

Tout d'abord, l'idée fut proposée par George Hale de
former un Conseil international de Recherches, et c'est ce
Conseil qui proposa les bases des associations nouvelles. En
les reconstituant, on décida d'en diminuer le nombre.

L'Union astronomique est la première association dont
l'organisation fut proposée : elle le fut par George Hale, à
Londres, en octobre 1918. Cette Union s'étend à toutes les
parties de l'astronomie, dans le sens le plus étendu du mot,
englobant l'astronomie de position, théorique ou pratique,
visuelle ou photographique, la photométrie du Soleil et des
autres astres, la spectroscopie solaire et la spectroscopie stellaire. La réunion s'impose : depuis vingt ans, les diverses
branches se pénètrent et se prêtent un mutuel secours.

Quelques-uns regrettaient que les réunions devinssent moins
fréquentes. Entre hommes loyaux qui se rencontrent et s'intéressent à des questions de même ordre, se forment souvent des
relations d'amitié des plus durables qui sont l'un des plus
grands charmes de la vie. La résolution de tenir tous les trois
ans les assises des Unions donnera satisfaction à ce besoin de
notre âme; elle régularisera les voyages et les rendra plus
faciles.

L'Union astronomique est entièrement constituée entre alliés ;
elle s'élargira ; dès aujourd'hui elle entre en plein fonctionnement. Vous lui avez donné des vice-présidents et un secrétaire

général choisis tout aux premiers rangs de l'astronomie. Vous avez porté à la présidence un astronome dont le dévouement complet vous est assuré. Vous avez formé de nombreuses Commissions dont vous avez choisi les présidents et les membres, et qui ont mission de se compléter elles-mêmes. Chacune de ces Commissions comprend les savants les plus qualifiés dans les questions dont elle doit poursuivre le perfectionnement. Tous ces hommes sont unis par une même passion pour la science et par un même désir d'union. Chacun d'eux rentré dans son cabinet, son laboratoire, son observatoire, sera averti des travaux des autres. Il n'y aura pas, ou il y aura moins d'efforts perdus.

Cette mise en commun des résultats obtenus, ces suggestions mutuelles peuvent être de la plus haute importance. Les Commissions fonctionneront le plus souvent par correspondance; les échanges de lettres entre les membres remplaceront les échanges verbaux d'idées qui, à l'ordinaire, se font entre savants travaillant dans un même institut, dans un même observatoire. Aussi bien ces Commissions pourront parfois se réunir en dehors des grandes assises des Unions. C'est, dans l'ordre intellectuel, le commencement de notre vie comme membres de la Société des Nations.

Les Comités nationaux, les Académies, les Sociétés savantes diverses, les États, des particuliers, nous l'espérons, fourniront à l'Union astronomique le total des subventions qui lui seront nécessaires. C'est ensuite à l'Union qu'il appartiendra de répartir entre les diverses Commissions les fonds dont elle pourra disposer. Naturellement il sera tenu compte des intentions des donateurs quand elles auront été formulées; mais il paraît désirable qu'un fonds important reste à la disposition de l'Union, sur lequel il puisse être pourvu à des besoins accidentels; trop souvent des efforts, même des essais importants, sont perdus par l'impossibilité de les poursuivre faute de ressources immédiatement disponibles. Si la mise en commun des ressources n'en augmente pas le total, elle en permet le plus fructueux emploi.

Les Commissions apporteront à chaque Assemblée générale des rapports concernant les progrès réalisés; parfois elle n'attendront pas cette échéance. Ces rapports, qui ont déjà eu leurs analogues en divers pays, constitueront la plus authentique histoire de l'astronomie.

Le mot *histoire* m'amène à jeter un coup d'œil sur le passé. Certes, depuis dix ans, depuis les dernières réunions du Comité de la Carte du Ciel et de l'Union solaire, de très importants résultats astronomiques ont été obtenus. Tout au moins a été soulevé le voile qui nous dissimulait la constitution de l'univers stellaire. Cependant, dans ces cinq dernières années, la vie astronomique a été supprimée en maints endroits, considérablement ralentie d'ailleurs. Nous avons dû soutenir la lutte, pour la vie grande et libre, contre une odieuse entreprise de domination et d'asservissement. L'énormité de l'effort a eu pour résultat heureux d'établir l'union entre presque tous les peuples, et cette union, qui nous a donné la victoire, continuera.

En entrant dans cette phase nouvelle, je veux, en votre nom, saluer la mémoire des grands astronomes disparus depuis douze ans dans nos divers pays. Je dois me borner aux plus grands noms : peut-être j'en oublie. Nous ne retrouverons plus Backlund, sir Robert Ball, H. Darwin, Fergola, sir David Gill, Asaph Hall, Hill, Janssen, Newcomb, E. C. Pickering, H. Poincaré, Schiaparelli, Ch. Wolf. Permettez-moi de nommer aussi, parce qu'il a personnifié les Unions internationales, le Président de la dernière Conférence de l'Heure, Gaston Darboux, ce grand géomètre, ce grand citoyen.

Il me reste à remplir un devoir qui m'est particulièrement cher en remerciant en votre nom le président de cette assemblée, ce vaillant soldat de la guerre, M. G. Lecointe, directeur de l'Observatoire royal de Belgique, dont la clarté de vues, la vivacité d'esprit, la haute intelligence et la parfaite cordialité ont permis à nos délibérations d'aboutir dans le peu de temps qui nous a été départi. Nous avons été heureux de nous réunir dans la capitale d'un pays dont l'héroïque et instantanée détermination, en août 1914, a, sans doute, été le facteur essentiel de la victoire. Grâce à M. Georges Lecointe, nous emportons cette impression, qu'en pays libre tout est facile : chacun de nous, si ce n'était chose déjà faite, ajoutera son nom à la liste de ses amis.

STATUTS

DE

L'UNION GÉODÉSIQUE ET GÉOPHYSIQUE INTERNATIONALE

(Adoptés en séance plénière, le 24 juillet 1919)

I. — OBJETS DE L'UNION ET CONDITIONS D'ADMISSION.

1. L'Union géodésique et géophysique a pour but :

1º De favoriser l'étude des problèmes qui concernent la figure et la physique du globe ;

2º De provoquer et coordonner les recherches exigeant la coopération de plusieurs pays, et en assurer la discussion scientifique ainsi que la publication ;

3º De faciliter des recherches spéciales, telles que les comparaisons d'instruments utilisés dans divers pays.

2. L'admission d'un Pays à l'Union est subordonnée aux conditions fixées par les statuts du Conseil international de Recherches.

II. — COMITÉS NATIONAUX.

3. Un Comité national est constitué dans chacun des pays adhérents à l'Union. Il est créé sur l'initiative, soit de son

Académie nationale, soit de son Conseil national de Recherches, ou d'autres institutions ou groupements d'institutions nationales similaires, soit de son Gouvernement.

4. Les Comités nationaux ont pour attributions de faciliter et de coordonner, sur leurs territoires respectifs, l'étude des diverses branches de la Géodésie et de la Géophysique, envisagées principalement au point de vue international. Chaque Comité national, soit seul, soit de concert avec un ou plusieurs autres Comités nationaux, a le droit de soumettre à l'Union des questions à discuter rentrant dans la compétence de celle-ci.

Les Comités nationaux désignent les délégués chargés de les représenter aux Assemblées de l'Union.

III. — Administration de l'Union.

5. Les travaux de l'Union sont dirigés par l'*Assemblée générale* des délégués.

6. Le « Bureau » de l'Union comprend un Président, des Vice-Présidents et un Secrétaire général. Le Président et le Secrétaire général, élus par l'Assemblée générale, demeurent en fonctions jusqu'à la fin de la deuxième Assemblée générale ordinaire qui suit celle de leur élection. Exceptionnellement, le mandat du Président élu à la fondation de l'Union cesse à la fin de la première Assemblée générale ordinaire qui suit celle de son élection.

Ce Bureau forme le *Comité exécutif* de l'Union.

Les membres sortants sont rééligibles.

Les Présidents de Sections, élus comme il est dit à l'article 8, sont de droit Vice-Présidents de l'Union.

Le Comité exécutif peut pourvoir aux vacances qui surviendraient dans son sein. Toute personne désignée dans ces conditions demeure en fonctions jusqu'à la réunion de l'Assemblée générale suivante, qui doit procéder à une élection définitive. Le membre ainsi élu achève le mandat de celui qu'il s'agissait de remplacer.

Il existe, en outre, un *Bureau administratif*, qui, sous la direction du Secrétaire général de l'Union, expédie la correspondance, gère les ressources et assure la conservation des archives ainsi que la préparation et la distribution des publications approuvées par l'Assemblée générale.

IV. — Sections.

7. La direction des travaux relatifs à des branches importantes de la Géodésie et de la Géophysique est confiée à des Sections spéciales. Des Sections de cette nature seront tout d'abord constituées pour : *a*) la Géodésie; *b*) la Sismologie; *c*) la Météorologie; *d*) le Magnétisme et l'Electricité terrestres; *e*) l'Océanographie physique; *f*) la Vulcanologie. D'autres Sections pourront être créées, dans la suite, par décision de l'Assemblée générale.

Le contrôle des travaux non spécialement confiés à une Section appartient à l'Assemblée générale, qui peut en déléguer la direction à des Commissions spéciales.

8. Chaque Section élit son Président, son Vice-Président et son Secrétaire; ils demeurent en fonctions jusqu'à la fin de la deuxième Assemblée générale ordinaire qui suit celle de leur élection. Exceptionnellement le mandat de la moitié des Présidents (désignés par un tirage au sort) élus à la fondation de l'Union, cesse à la fin de la première Assemblée générale ordinaire qui suit celle de leur élection.

Le mandat des Vice-Présidents élus à la fondation cesse à la fin de la première Assemblée générale ordinaire qui suit celle de leur élection, lorsque le Président de leur Section reste en fonction au-delà de ce terme.

Les membres sortants sont rééligibles.

Une section peut avoir son bureau central. Le Secrétaire y remplit les fonctions de Directeur; il est chargé de la correspondance, de la gestion des ressources de la Section, de la conservation des archives ainsi que de la préparation et la distribution des publications.

Une Section peut nommer un *Comité exécutif*. Le Président, le Vice-Président et le Secrétaire en sont membres de droit.

La Section peut confier à des Commissions spéciales l'étude de certaines questions.

9. Les procès-verbaux d'une Section doivent être communiqués au Bureau de l'Union, mais n'exigent pas la ratification de l'Assemblée générale, à moins que, de l'avis de ce Bureau, ils ne concernent également, soit d'autres Sections, soit l'œuvre d'ensemble de l'Union.

Avec l'approbation de l'Union, une Section peut avoir ses propres publications et confier une partie quelconque de ses travaux à des institutions nationales ou même à des particuliers.

V. — Assemblées de l'Union et Séances des Sections.

10. L'Union se réunit en principe tous les trois ans en Assemblée générale ordinaire. Si l'époque et le lieu de la réunion n'ont pas été arrêtés par l'Assemblée générale précédente, ils sont fixés par le Comité exécutif et communiqués, quatre mois au moins à l'avance, aux organismes adhérents.

Chaque Section tient une séance ordinaire au cours de la session de l'Assemblée générale. Plusieurs Sections peuvent se réunir conjointement suivant un horaire fixé par le Bureau de l'Union, après entente avec les Bureaux des Sections intéressées.

11. Dans des cas spéciaux, le Président de l'Union peut, avec le consentement du Comité exécutif, convoquer une Assemblée générale extraordinaire Il est tenu de le faire à la demande d'un tiers des voix des pays adhérents.

De même, le Président d'une Section peut, avec le consentement de son Comité exécutif, provoquer une réunion extraordinaire de la Section.

12. Tous les membres des Comités nationaux peuvent assister aux réunions de l'Assemblée générale ou des Sections et prendre part aux discussions, mais seulement avec voix consultative.

Le Président de l'Union peut inviter des hommes de science, non délégués, mais appartenant à des pays adhérents, à assister, à titre consultatif, aux séances de l'Assemblée générale. De même, un Président de Section peut, de sa propre initiative ou à la demande du Président du Comité national du pays intéressé, inviter des hommes de science à assister, à titre consultatif, aux séances de cette Section.

13. L'ordre du jour d'une session est fixé par le Comité exécutif et communiqué au moins quatre mois avant l'ouverture de cette session. Toute question ne figurant pas à l'ordre du jour n'est prise en considération qu'avec l'assentiment préalable de la moitié au moins des voix des pays représentés à l'Assemblée générale.

<h3 style="text-align:center">VI. — Budget et Droit de vote.</h3>

14. Le Comité exécutif prépare un budget de prévision pour chaque année de la période comprise entre deux sessions. Une Commission financière, nommée par l'Assemblée générale, est chargée de l'étude de ce budget et de la vérification des comptes de l'exercice précédent. Elle établit, sur ces deux questions, des rapports distincts qui sont soumis à l'Assemblée générale.

A la suite de cet examen financier, l'Union fixe le taux de la part contributive unitaire.

La cotisation due par un pays et le nombre correspondant de voix qui lui sont attribuées sont réglés d'après le barème suivant :

Population du pays.	Nombre de voix.	Nombre de parts unitaires contributives.
Moins de 5 millions d'habitants.	1	1
Entre 5 et 10 id.	2	2
Id. 10 et 15 id.	3	3
Id. 15 et 20 id.	4	5
Plus de 20 id.	5	8

Les habitants des colonies et protectorats d'un pays sont comptés dans la population de ce pays si celui-ci le désire et d'après les indications de son Gouvernement.

Chaque Dominion (Afrique du Sud, Australie, Canada, Nouvelle-Zélande) a un nombre de voix correspondant à sa population et fixé d'après le barème précédent.

La cotisation unitaire perçue pendant la première période de la Convention ne pourra dépasser **2600** francs annuellement. Dans chaque pays, l'autorité qui adhère à l'Union est responsable du paiement de la cotisation de ce pays.

15. Les recettes de l'Union, provenant des contributions des divers pays, doivent être tout d'abord consacrées à payer :

1° Les frais de réduction et de discussion des observations, y compris la rémunération d'assistants ;

2° Les frais de publication et les dépenses accessoires d'administration ;

3° Dans des cas spéciaux, les honoraires des Directeurs des Bureaux administratifs.

L'excédent peut, avec l'agrément de l'Assemblée générale, être utilisé pour le progrès des œuvres générales de l'Union, définies à l'article 1er.

Les ressources provenant de dons sont utilisées par l'Union en tenant compte des désirs exprimés par les donateurs.

Tout pays qui se retire de l'Union abandonne de ce fait ses droits à l'actif de l'Association.

16. En Assemblée générale ou en séance de Section, les résolutions concernant les questions d'ordre scientifique sont prises à la majorité des voix de tous les délégués présents. Pour les questions d'ordre administratif et pour les questions mixtes, le vote a lieu par Etat, le nombre de voix de chaque Etat étant fixé à l'article 14.

S'il y a doute sur la catégorie dans laquelle doit être rangée une question à discuter, le Président décide. En toutes circonstances, s'il y a égalité de voix, celle du Président est prépondérante.

17. Pour les questions administratives figurant à l'ordre du jour, un pays qui n'est pas représenté, peut envoyer, par écrit, son vote au Président. Pour être valable, ce vote doit être reçu avant le dépouillement du scrutin.

VII. — Règlements intérieurs.

18. L'Assemblée générale peut édicter des règlements intérieurs concernant, soit la conduite de ses travaux, soit les devoirs généraux qui incombent aux Membres du Comité de l'Union, soit, en général, tous objets non prévus dans les statuts.

De même, chaque Section peut élaborer des règlements pour la conduite de ses propres travaux. Avant d'entrer en vigueur,

ces règlements doivent être approuvés par l'Assemblée générale ; aucun d'eux ne peut contenir de prescriptions contraires
aux termes de la présente Convention.

VIII. — Durée de la Convention et Modifications.

19. La présente Convention est valable jusqu'au 31 décembre 1931. Après cette date, elle sera renouvelée pour une
autre période de douze ans, avec l'assentiment des pays
adhérents.

20. Aucun changement ne pourra être apporté aux termes
de la présente Convention sans l'approbation des deux tiers
des voix des pays intéressés.

21. Le présent texte français servira exclusivement pour
l'interprétation à donner aux articles de la Convention.

STATUTS

DE

L'Union internationale de la Chimie pure et appliquée

(Présentés par la délégation de la Conférence interalliée des Associations de chimie pure et appliquée. Londres, 14-18 juillet 1919.)

Approuvés en séance plénière, à Bruxelles, le 24 juillet 1919.

ARTICLE PREMIER.

Il est institué une Union internationale de la Chimie pure et appliquée ayant pour but :

1° De resserrer les liens d'estime et d'amitié qui se sont affirmés pendant la durée de la guerre entre les différents peuples alliés ;

2° D'organiser une Coopération permanente entre les Associations de Chimie des pays adhérents ;

3° De coordonner leurs moyens d'action scientifiques et techniques ;

4° De contribuer à l'avancement de la Chimie dans toute l'étendue de son domaine.

Sa durée est illimitée. Elle a son siège provisoire à Paris.

Art. 2.

L'admission d'un Pays à l'Union est subordonnée aux conditions fixées par les statuts du Conseil international de Recherches.

Un Pays peut adhérer à l'Union par sa Fédération nationale, par son Conseil national, ou, à leur défaut, par l'Association nationale représentant la Chimie.

Art. 3.

L'action de l'Union, telle qu'elle est définie à l'article 1er, s'exerce par un Conseil, assisté d'un Secrétariat administratif, et par un Office spécial dont l'institution fera l'objet d'une Convention internationale entre les Pays adhérents.

Art. 4.

La cotisation annuelle est fixée, pour chaque pays, à un taux proportionnel au nombre de ses habitants, conformément au tableau suivant :

	Population en millions d'habitants.	Cotisation annuelle minimum.
Catégorie A	de moins de 5	500 francs.
— B	de 5 à 10	1,000 —
— C	de 10 à 15	1,500 —
— D	de 15 à 20	2,500 —
— E	de 20 à 30	3,500 —
— F	de plus de 30	4,500 —

Les habitants des colonies et protectorats d'un Pays, qui ne se gouvernent pas librement, sont comptés dans la population de ce pays, si celui-ci le désire et d'après les indications de son Gouvernement.

Tout membre de l'Union n'est engagé que pour les dépenses relatives à l'administration générale.

Toute autre dépense ne pourra lui incomber qu'après son approbation préalable.

Art. 5.

Tout membre peut se retirer de l'Union à condition d'avoir rempli ses obligations pour l'année en cours.

La radiation peut être prononcée pour non-paiement de la cotisation annuelle minimum, ou pour motifs graves, par le Conseil, à la majorité des trois quarts des membres présents ou représentés, le membre intéressé ayant été préalablement appelé à fournir ses explications.

Art. 6.

L'Union est administrée par un Conseil composé de délégués de chacun des Pays contractants, dont le nombre est fixé d'après leur catégorie, comme il est indiqué ci-après :

Nombre de délégués.

Catégorie A.	1	délégué.
— B.	2	délégués.
— C.	3	—
— D.	4	—
— E.	5	—
— F.	6	—

Les délégués sont nommés pour trois ans par la Fédération nationale, le Conseil national ou, à leur défaut, par l'Association nationale représentant la Chimie, de leur Pays respectif, et sont rééligibles. Le Conseil est renouvelé par tiers chaque année.

Art. 7.

Le pouvoir exécutif du Conseil est confié à un Bureau composé d'un Président, de quatre Vice-Présidents et d'un Secrétaire général.

Le Conseil élit son Bureau dans son sein tous les trois ans à la majorité relative. Les membres du Bureau, excepté le Secrétaire général, ne sont pas rééligibles immédiatement dans les mêmes fonctions.

Le Président sera choisi parmi les Vice-Présidents sortants.

Art. 8.

Le Conseil se réunit au moins une fois par an, la veille de l'Assemblée générale annuelle, dans la ville où elle a lieu, et, en outre, chaque fois qu'il est convoqué par son Président, ou encore sur la demande du quart de ses membres.

Il est chargé d'indiquer les date et lieu de réunion, d'établir le budget et de décider des dépenses.

Pour les questions scientifiques, les résolutions sont prises à la majorité relative des délégués présents.

Pour les questions d'ordre administratif et financier, les suffrages sont exprimés par Pays, chaque Nation bénéficiant d'un nombre de voix égal à celui de ses délégués. Dans ce cas, il n'est pas nécessaire que ceux-ci soient tous présents. Un mandataire peut être désigné par les délégués d'une Nation pour les représenter et prendre part au vote en leur nom.

Le vote par correspondance est admis. Il ne pourra être voté que sur les questions portées à l'ordre du jour. S'il y a égalité de voix, celle du Président est prépondérante.

Art. 9.

Il sera tenu procès-verbal des séances ; les minutes des procès-verbaux seront établies en deux exemplaires et signées par le Président et les Secrétaires de séance.

Le Secrétaire administratif aura la garde des archives et sera chargé de l'exécution des décisions prises par le Conseil et le Bureau, en particulier de l'envoi de l'ordre du jour.

Art. 10.

Le Bureau a pour fonctions :

1° De veiller à la stricte observation des statuts ;

2° De fixer l'ordre du jour des réunions du Conseil ;

3° D'enregistrer et d'exécuter le programme d'action élaboré par le Conseil ;

4° D'accomplir, pendant tout le temps qui s'écoule entre deux réunions du Conseil, les actes d'administration nécessaires et d'en rendre compte par écrit aux membres du Conseil ;

5° De soumettre au Conseil un projet de budget annuel ;

6° De représenter l'Union ou de désigner ses représentants.

Art. 11.

Il sera institué, en dehors du Conseil, un Comité consultatif formé d'autant de Sections qu'il sera nécessaire pour assurer la représentation complète de la Chimie pure et appliquée, conformément au règlement de l'Union.

Art. 12.

L'Assemblée générale se compose des membres du Conseil et des délégués des diverses Fédérations nationales, Conseils nationaux ou Associations nationales représentant la Chimie.

L'Assemblée générale se réunit au moins une fois chaque année, en une session ordinaire, de préférence dans la ville où se tient le Congrès international de Chimie pure et appliquée et à la même époque.

L'Assemblée générale se réunit également chaque fois qu'elle est convoquée par le Conseil ou sur la demande de la moitié au moins des membres de l'Union.

L'Assemblée générale entend les rapports sur la gestion du Conseil, sur la situation financière et l'état général de l'Union.

Elle approuve les comptes de l'exercice clos, présentés par un commissaire financier rapporteur, pris en dehors du Conseil et nommé par l'Assemblée générale de l'année précédente.

Elle vote le budget de l'exercice suivant, délibère sur les questions mises à l'ordre du jour.

Le rapport annuel et les comptes sont adressés chaque année à tous les membres trois mois au moins avant la réunion de l'Assemblée générale annuelle.

L'ordre du jour de l'Assemblée est réglé par le Conseil et comporte obligatoirement toute question qui lui a été transmise par l'un des membres de l'Union, trois mois au moins avant la réunion de l'Assemblée générale.

Son Bureau est celui du Conseil.

Les votes sur les questions administratives et financières y sont exprimés par Pays, chacun d'eux ayant droit au nombre de voix indiqué pour les catégories prévues à l'article 6.

Les délégués d'un Pays peuvent désigner un ou plusieurs mandataires pour les représenter et prendre part au vote en leur nom.

ART. 13.

Les dépenses sont ordonnancées par le Président et réglées par le Secrétariat administratif.

L'Union est représentée dans tous les actes de la vie civile et en justice par le Président, qui peut déléguer ses pouvoirs à un membre du Conseil ou au Secrétaire administratif.

Art. 14.

Les délibérations du Conseil relatives aux acquisitions, échanges, aliénation des immeubles nécessaires au but poursuivi par l'Union, constitutions d'hypothèques sur lesdits immeubles, baux excédant neuf années, aliénations de biens et emprunts doivent être soumis à l'approbation de l'Assemblée générale.

Art. 15.

Une modification quelconque des statuts ne peut être soumise à l'Assemblée générale que sur la proposition du Conseil de l'Union ou sur la demande de l'une des Fédérations nationales, Conseils nationaux ou Associations nationales représentant la Chimie.

Les propositions de modifications figureront à l'ordre du jour de l'Assemblée générale, à la condition d'avoir été reçues par écrit par le Bureau du Conseil au moins trois mois à l'avance.

Les suffrages sont exprimés par Pays, conformément à l'article 8.

Le vote par correspondance est admis.

Les statuts ne peuvent être modifiés qu'à la majorité des deux tiers des suffrages exprimés.

Art. 16.

L'Assemblée générale appelée à se prononcer sur la dissolution de l'Union est convoquée spécialement à cet effet trois mois à l'avance. Elle doit comprendre au moins les trois quarts des délégués des membres de l'Union ou de leurs mandataires.

Si cette proportion n'est pas atteinte, l'Assemblée générale est convoquée de nouveau dans un délai minimum de six mois, et, cette fois, elle peut valablement délibérer, quel que soit le nombre des membres présents.

Le vote par correspondance est admis.

Dans tous les cas, la dissolution ne peut être votée qu'à la majorité des deux tiers des suffrages exprimés.

Art. 17.

En cas de dissolution, l'Assemblée générale désigne un ou plusieurs commissaires chargés de la liquidation des biens de l'Union.

Elle fait don de l'actif net à une Institution internationale.

Art. 18.

Le présent texte français servira exclusivement pour l'interprétation à donner aux articles des statuts.

STATUTS

DE

L'UNION INTERNATIONALE DE RADIOTÉLÉGRAPHIE SCIENTIFIQUE

(Approuvés en séance plénière, le 26 juillet 1919)

I. — OBJETS DE L'UNION ET CONDITIONS D'ADMISSION.

1. L'Union a pour but :

1º D'encourager les études scientifiques de radiotélégraphie ;

2º De susciter et organiser les recherches nécessitant une coopération internationale et permettre la discussion et la publication des résultats de ces recherches ;

3º De faciliter l'établissement de méthodes communes de mesures ainsi que la comparaison et l'étalonnage des instruments de mesure.

2. L'admission d'un Pays à l'Union est subordonnée aux conditions fixées par les statuts du Conseil international de Recherches.

II. — COMITÉS NATIONAUX.

3. Un Comité national est constitué dans chacun des pays adhérents à l'Union. Il est créé sur l'initiative, soit de son

Académie nationale, soit de son Conseil national de Recherches ou d'autres institutions ou groupements d'institutions nationales similaires, soit de son Gouvernement.

4. Les Comités nationaux ont pour attributions de faciliter et de coordonner, sur leurs territoires respectifs, l'étude des diverses branches de la Radiotélégraphie, envisagées principalement au point de vue international. Chaque Comité national, soit seul, soit de concert avec un ou plusieurs autres Comités nationaux, a le droit de soumettre à l'Union des questions à discuter rentrant dans la compétence de celle-ci.

Les Comités nationaux désignent les délégués chargés de les représenter aux Assemblées de l'Union.

III. — Administration de l'Union.

5. Les travaux de l'Union sont dirigés par l'*Assemblée générale* des délégués.

6. Le « Bureau » de l'Union comprend un Président, trois Vice-Présidents et un Secrétaire général élus par l'Assemblée générale ; ils demeurent en fonctions jusqu'à la fin de la deuxième Assemblée générale ordinaire qui suit celle de leur élection. Exceptionnellement, le mandat du Président et de deux des Vice-Présidents (désignés par un tirage au sort) nommés à la fondation de l'Union, expire à la fin de la première Assemblée générale ordinaire qui suit celle de leur élection.

Ce Bureau forme le *Comité exécutif* de l'Union.

Les membres sortants sont rééligibles.

Le Comité exécutif peut pourvoir aux vacances qui surviendraient dans son sein. Toute personne désignée dans ces conditions demeure en fonctions jusqu'à la réunion de l'Assemblée générale suivante, qui doit procéder à une élection définitive. Le membre ainsi élu achève le mandat de celui qu'il s'agissait de remplacer.

Il existe, en outre, un *Bureau administratif*, qui, sous la direction du Secrétaire général de l'Union, expédie la correspondance, gère les ressources et assure la conservation des archives ainsi que la préparation et la distribution des publications approuvées par l'Assemblée générale.

IV. — Commissions.

7. L'Union nomme des *Commissions* pour l'étude de sujets déterminés.

Ces Commissions présentent des rapports sur les travaux dont elles sont chargées.

8. Le Président et les membres de chacune de ces Commissions sont élus par l'Assemblée générale sur la proposition du Comité exécutif de l'Union. Ils restent en fonctions jusqu'à la fin de l'Assemblée générale ordinaire suivante et sont rééligibles.

Les Commissions établissent elles-mêmes leur règlement d'ordre intérieur; elles peuvent s'adjoindre, par cooptation et à la majorité des deux tiers des voix, de nouveaux membres appartenant aux pays représentés près l'Union et qui ne sont pas nécessairement délégués.

9. Avec l'approbation du Comité exécutif, une Commission peut avoir ses propres publications et confier une partie quelconque de ses travaux à des institutions nationales ou même à des particuliers.

V. — Assemblées générales.

10. L'Union se réunit en principe tous les trois ans en Assemblée générale ordinaire. Si l'époque et le lieu de cette réunion n'ont pas été arrêtés par l'Assemblée générale précédente, ils sont fixés par le Comité exécutif et communiqués, quatre mois au moins à l'avance, aux organismes adhérents.

11. Dans des cas spéciaux, le Président peut, avec le consentement du Comité exécutif, convoquer une Assemblée générale extraordinaire; il est tenu de le faire à la demande d'un tiers des voix des pays adhérents.

12. Tous les membres des Comités nationaux peuvent assister aux réunions de l'Assemblée générale et prendre part aux discussions, mais seulement avec voix consultative.

Le Président de l'Union peut inviter des hommes de science, non délégués, mais appartenant à des pays adhérents, à assister, à titre consultatif, aux séances de l'Assemblée générale.

Les membres, non délégués, des Commissions mentionnées à l'article 8, ont le droit d'assister, dans les mêmes conditions, aux séances de l'Assemblée générale où sont traitées les questions rentrant dans leurs attributions.

13. L'ordre du jour d'une session est fixé par le Comité exécutif et communiqué au moins quatre mois avant l'ouverture de cette session. Toute question ne figurant pas à l'ordre du jour n'est prise en considération qu'avec l'assentiment préalable de la moitié au moins des voix des pays représentés à l'Assemblée générale.

VI. — Budget et Droit de vote.

14. Le Comité exécutif prépare un budget de prévision pour chaque année de la période comprise entre deux sessions. Une Commission financière, nommée par l'Assemblée générale, est chargée de l'étude de ce budget et de la vérification des comptes de l'exercice précédent. Elle établit, sur ces deux questions, des rapports distincts qui sont soumis à l'Assemblée générale.

A la suite de cet examen financier, l'Union fixe le taux de la part contributive unitaire.

La cotisation due par un pays et le nombre correspondant de voix qui lui sont attribuées sont réglés d'après le barème suivant :

Population du pays.	Nombre de voix.	Nombre de parts unitaires contributives.
Moins de 5 millions d'habitants	1	1
Entre 5 et 10 id.	2	2
Id. 10 et 15 id.	3	3
Id. 15 et 20 id.	4	5
Plus de 20 id.	5	8

Les habitants des colonies et protectorats d'un pays sont comptés dans la population de ce pays, si celui-ci le désire, et d'après les indications de son Gouvernement.

Chaque Dominion (Afrique du Sud, Australie, Canada, Nouvelle-Zélande) a un nombre de voix correspondant à sa population et fixé d'après le barème précédent.

La cotisation unitaire perçue pendant la première période de la Convention ne pourra dépasser 200 francs annuellement.

Dans chaque pays, l'autorité qui adhère à l'Union est responsable du paiement de la cotisation de ce pays.

15. Les recettes de l'Union, provenant des contributions des divers pays, sont consacrées à payer :

1° Les frais de publication et les dépenses accessoires d'administration ;

2° Les frais de réduction et de discussion des observations, y compris la rémunération d'assistants.

Les ressources provenant de dons sont utilisées par l'Union en tenant compte des désirs exprimés par les donateurs.

Tout pays qui se retire de l'Union abandonne de ce fait ses droits à l'actif de l'Association.

16. Dans les Assemblées générales, les résolutions concernant les questions d'ordre scientifique sont prises à la majorité des voix de tous les délégués présents. Pour les questions d'ordre administratif et pour les questions mixtes, le vote a lieu par État, le nombre de voix de chaque État étant fixé à l'article 14.

S'il y a doute sur la catégorie dans laquelle doit être rangée une question à discuter, le Président décide.

Dans les Commissions, les décisions sont prises à la majorité des voix des membres qui les composent et non par pays.

En toutes circonstances, s'il y a égalité de voix, celle du Président est prépondérante.

17. Pour les questions administratives figurant à l'ordre du jour, un pays qui n'est pas représenté peut envoyer par écrit son vote au Président. Pour être valable, ce vote doit être reçu avant le dépouillement du scrutin.

VII. — Règlements intérieurs.

18. L'Assemblée générale peut édicter des règlements intérieurs concernant, soit la conduite de ses travaux, soit les
devoirs généraux qui incombent aux Membres du Comité de
l'Union, soit, en général, tous objets non prévus dans les
statuts.

De même, chaque Commission peut élaborer des règlements
pour la conduite de ses propres travaux. Avant d'entrer en
vigueur, ces règlements doivent être approuvés par l'Assemblée
générale; aucun d'eux ne peut contenir de prescriptions contraires aux termes de la présente Convention.

VIII. — Durée de la Convention et Modifications.

19. La présente Convention est valable jusqu'au 31 décembre 1931. Après cette date, elle sera renouvelée pour une autre
période de douze ans, avec l'assentiment des pays adhérents.

20. Aucun changement ne pourra être apporté aux termes
de la présente Convention sans l'approbation des deux tiers des
voix des pays intéressés.

21. Le présent texte français servira exclusivement pour
l'interprétation à donner aux articles de la Convention.

PROJET DE STATUTS

POUR UNE

UNION INTERNATIONALE DE MATHÉMATICIENS

I. — Objets de l'Union et Conditions d'admission.

I. L'Union a pour but de provoquer et de favoriser la coopération internationale dans l'étude de la Mathématique, et d'assurer :

a) L'encouragement de la Science pure ;

b) Le rapprochement entre les mathématiques pures et les autres sciences ;

c) L'orientation et le progrès de l'enseignement ;

d) La coordination dans la préparation et la publication de résumés bibliographiques, de tables, de graphiques ; l'établissement d'appareils, modèles, etc.

e) L'organisation de Conférences ou de Congrès internationaux.

2. L'admission d'un Pays à l'Union est subordonnée aux conditions fixées par les statuts du Conseil international de Recherches.

II. — Comités nationaux.

3. Un Comité national est constitué dans chacun des pays adhérents à l'Union. Il est créé sur l'initiative, soit de son Académie nationale, soit de son Conseil national de Recherches ou d'autres institutions ou groupements d'institutions nationales similaires, soit des Sociétés mathématiques de ce pays.

4. Les Comités nationaux ont pour objet de veiller dans chaque pays à la réalisation du programme exposé à l'article premier et de maintenir le contact avec l'Union internationale de mathématiciens. Ces comités ont le droit de faire des propositions dans les Conférences de l'Union internationale; ils désignent des délégués pour les représenter à ces Conférences.

III. — Administration de l'Union.

5. Les travaux de l'Union sont dirigés par l'*Assemblée générale* des délégués.

6. Le « Bureau » de l'Union comprend un Président, cinq Vice-Présidents au plus et un Secrétaire général élus par l'Assemblée générale; ils demeurent en fonctions jusqu'à la fin de la deuxième Assemblée générale ordinaire qui suit celle de leur élection. Exceptionnellement, le mandat du Président et de trois des Vice-Présidents (désignés par |un tirage au sort) nommés à la fondation de l'Union, expire à la fin de la première Assemblée générale ordinaire qui suit celle de leur élection.

Ce Bureau forme le *Comité exécutif* de l'Union.

Les membres sortants ne sont pas immédiatement rééligibles.

Le Comité exécutif peut pourvoir aux vacances qui surviendraient dans son sein. Toute personne désignée dans ces conditions demeure en fonctions jusqu'à la réunion de l'Assemblée générale suivante, qui doit procéder à une élection définitive. Le membre ainsi élu achève le mandat de celui qu'il s'agissait de remplacer.

Il existe, en outre, un *Bureau administratif*, qui, sous la direction du Secrétaire général de l'Union, expédie la correspondance, gère les ressources et assure la conservation des archives ainsi que la préparation et la distribution des publications approuvées par l'Assemblée générale.

IV. — Commissions.

7. L'Union nomme des *Commissions* pour l'étude de sujets déterminés, pour l'encouragement d'entreprises collectives et pour l'examen de questions intéressant l'enseignement.

Ces Commissions présentent des rapports sur les travaux dont elles sont chargées.

8. Le Président et les membres de chacune de ces Commissions sont élus par l'Assemblée générale sur la proposition du Comité exécutif de l'Union. Ils restent en fonctions jusqu'à la fin de l'Assemblée générale ordinaire suivante et sont rééligibles.

Lorsqu'une Commission comprend des membres désignés en partie par l'Union de Mathématiciens et en partie par une autre Union rattachée au Conseil international de Recherches, elle a la faculté d'élire elle-même son Président.

Les Commissions établissent elles-mêmes leur règlement d'ordre intérieur; elles peuvent s'adjoindre, par cooptation et à

la majorité des deux tiers des voix, de nouveaux membres
appartenant aux pays représentés près l'Union et qui ne sont
pas nécessairement délégués.

V. — Assemblées générales.

9. L'Union se réunit en principe tous les trois ans en
Assemblée générale ordinaire. Autant que possible, on fera
coïncider l'époque et le lieu de ces Assemblées avec ceux des
Congrès internationaux des Mathématiciens.

10. Dans des cas spéciaux, le Président peut, avec le consentement du Comité exécutif, convoquer une Assemblée générale
extraordinaire; il est tenu de le faire à la demande d'un tiers
des voix des pays adhérents.

11. Tous les membres des Comités nationaux peuvent assister aux réunions de l'Assemblée générale et prendre part aux
discussions, mais seulement avec voix consultative.

Le Président de l'Union peut inviter des hommes de science,
non délégués, mais appartenant à des pays adhérents, à assister,
à titre consultatif, aux séances de l'Assemblée générale.

Les membres, non délégués, des Commissions mentionnées
à l'article 8, ont le droit d'assister, dans les mêmes conditions, aux séances de l'Assemblée générale où sont traitées les
questions rentrant dans leurs attributions.

12. L'ordre du jour d'une session est fixé par le Comité
exécutif et communiqué au moins quatre mois avant l'ouverture
de cette session. Toute question ne figurant pas à l'ordre du
jour n'est prise en considération qu'avec l'assentiment préalable
de la moitié au moins des voix des pays représentés à l'Assemblée
générale.

VI. — BUDGET ET DROIT DE VOTE.

13. Le Comité exécutif prépare un budget de prévision pour chaque année de la période comprise entre deux sessions. Une Commission financière, nommée par l'Assemblée générale, est chargée de l'étude de ce budget et de la vérification des comptes de l'exercice précédent. Elle établit, sur ces deux questions, des rapports distincts qui sont soumis à l'Assemblée générale.

A la suite de cet examen financier, l'Union fixe le taux de la part contributive unitaire.

La cotisation due par un pays et le nombre correspondant de voix qui lui sont attribuées sont réglés d'après le barème suivant :

Population du pays.	Nombre de voix.	Nombre de parts unitaires contributives.
Moins de 5 millions d'habitants.	1	1
Entre 5 et 10 id.	2	2
Id. 10 et 15 id.	3	3
Id. 15 et 20 id.	4	5
Plus de 20 id.	5	8

Les habitants des colonies et protectorats d'un pays sont comptés dans la population de ce pays, si celui-ci le désire, et d'après les indications de son Gouvernement.

Chaque Dominion (Afrique du Sud, Australie, Canada, Nouvelle-Zélande) a un nombre de voix correspondant à sa population et fixé d'après le barème précédent.

La cotisation unitaire perçue pendant la première période de la Convention ne pourra dépasser fr. 125 annuellement. Dans chaque pays, l'autorité qui adhère à l'Union est responsable du paiement de la cotisation de ce pays.

14. Les frais de publication et les dépenses accessoires d'administration seront couvertes par les recettes de l'Union provenant des contributions des divers pays.

Les ressources provenant de dons seront utilisées par l'Union en tenant compte des désirs exprimés par les donateurs.

Tout pays qui se retire de l'Union abandonne de ce fait ses droits à l'actif de l'Association.

15. Dans les Assemblées générales, les résolutions concernant les questions d'ordre scientifique sont prises à la majorité des voix de tous les délégués présents. Pour les questions d'ordre administratif et pour les questions mixtes, le vote à lieu par Etat, le nombre de voix de chaque Etat étant fixé à l'article 13.

S'il y a doute sur la catégorie dans laquelle doit être rangée une question à discuter, le Président décide.

Dans les Commissions, les décisions sont prises à la majorité des voix des membres qui les composent et non par pays.

En toutes circonstances, s'il y a égalité de voix, celle du Président est prépondérante.

16. Pour les questions administratives figurant à l'ordre du jour, un pays qui n'est pas représenté peut envoyer par écrit son vote au Président. Pour être valable, ce vote doit être reçu avant le dépouillement du scrutin.

VII. — RÈGLEMENTS INTÉRIEURS.

17. L'Assemblée générale peut édicter des règlements intérieurs concernant, soit la conduite de ses travaux, soit les devoirs généraux qui incombent aux Membres du Comité de l'Union, soit, en général, tous objets non prévus dans les statuts.

De même, chaque Commission peut élaborer des règlements pour la conduite de ses propres travaux. Avant d'entrer en vigueur, ces règlements doivent être approuvés par l'Assemblée générale; aucun d'eux ne peut contenir de prescriptions contraires aux termes de la présente Convention.

VIII. — DURÉE DE LA CONVENTION ET MODIFICATIONS.

18. La présente Convention est valable depuis le 1er janvier 1920 jusqu'au 31 décembre 1931. Après cette date, elle sera renouvelée pour une autre période de douze ans, avec l'assentiment des pays adhérents.

19. Aucun changement ne pourra être apporté aux termes de la présente Convention sans l'approbation des deux tiers des voix des pays intéressés.

20. Le présent texte français servira exclusivement pour l'interprétation à donner aux articles de la Convention.

PROJET DE STATUTS

POUR UNE

UNION INTERNATIONALE DE PHYSIQUE

I. — Objets de l'Union et Conditions d'admission.

1. L'Union a pour but :

1º De créer et d'encourager une coopération internationale en physique ;

2º De coordonner les efforts de préparation et de publication des extraits de mémoires et de tables de constantes de physique ;

3º De réaliser une entente internationale sur les questions d'unités, d'étalonnage, de nomenclature et de notations ;

4º D'aider la poursuite de recherches intéressantes ;

5º D'organiser des Congrès internationaux ou des Conférences générales.

2. L'admission d'un Pays à l'Union est subordonnée aux conditions fixées par les statuts du Conseil international de Recherches.

II. — Comités nationaux.

3. Un Comité national est constitué dans chacun des pays adhérents à l'Union. Il est créé sur l'initiative, soit de son

Académie nationale, soit de son Conseil national de Recherches ou d'autres institutions ou groupements d'institutions nationales similaires, soit de son Gouvernement.

4. Les Comités nationaux ont pour attributions de faciliter et de coordonner, sur leurs territoires respectifs, l'étude des diverses branches de la Physique, envisagées principalement au point de vue international. Chaque Comité national, soit seul, soit de concert avec un ou plusieurs autres Comités nationaux, a le droit de soumettre à l'Union des questions à discuter rentrant dans la compétence de celle-ci.

Les Comités nationaux désignent les délégués chargés de les représenter aux Assemblées de l'Union.

III. — ADMINISTRATION DE L'UNION.

5. Les travaux de l'Union sont dirigés par l'*Assemblée générale* des délégués.

6. Le « Bureau » de l'Union comprend un Président, cinq Vice-Présidents au plus et un Secrétaire général élus par l'Assemblée générale ; ils demeurent en fonctions jusqu'à la fin de la deuxième Assemblée générale ordinaire qui suit celle de leur élection. Exceptionnellement, le mandat du Président et de trois des Vice-Présidents (désignés par un tirage au sort) nommés à la fondation de l'Union expire à la fin de la première Assemblée générale ordinaire qui suit celle de leur élection.

Ce Bureau forme le *Comité exécutif* de l'Union.

Les membres sortants sont rééligibles.

Les cinq Vice-Présidents sont choisis de manière à représenter les différentes branches de la physique.

Le Comité exécutif peut pourvoir aux vacances qui surviendraient dans son sein. Toute personne désignée dans ces conditions demeure en fonctions jusqu'à la réunion de l'Assemblée générale suivante, qui doit procéder à une élection définitive. Le membre ainsi élu achève le mandat de celui qu'il s'agissait de remplacer.

Il existe, en outre, un *Bureau administratif*, qui, sous la direction du Secrétaire général de l'Union, expédie la correspondance, gère les ressources et assure la conservation des archives ainsi que la préparation et la distribution des publications approuvées par l'Assemblée générale.

IV. — COMMISSIONS.

7. L'Union nomme des *Commissions* pour l'étude de sujets déterminés de physique.

Ces Commissions présentent des rapports sur les travaux dont elles sont chargées.

8. Le Président et les membres de chacune de ces Commissions sont élus par l'Assemblée générale sur la proposition du Comité exécutif de l'Union Ils restent en fonctions jusqu'à la fin de l'Assemblée générale ordinaire suivante et sont rééligibles.

Lorsqu'une Commission comprend des membres désignés en partie par l'Union de Physique et en partie par une autre Union rattachée au Conseil international de Recherches, elle a la faculté d'élire elle-même son Président.

Les Commissions établissent elles-mêmes leur règlement d'ordre intérieur; elles peuvent s'adjoindre, par cooptation et à la majorité des deux tiers des voix, de nouveaux membres appartenant aux pays représentés près l'Union et qui ne sont pas nécessairement délégués.

9. Avec l'approbation du Comité exécutif, une Commission peut avoir ses propres publications et confier une partie quelconque de ses travaux à des institutions nationales ou même à des particuliers.

V. — Assemblées générales.

10. L'Union se réunit en principe tous les trois ans en Assemblée générale ordinaire. Si l'époque et le lieu de cette réunion n'ont pas été arrêtés par l'Assemblée générale précédente, ils sont fixés par le Comité exécutif et communiqués, quatre mois au moins à l'avance, aux organismes adhérents.

11. Dans des cas spéciaux, le Président peut, avec le consentement du Comité exécutif, convoquer une Assemblée générale extraordinaire; il est tenu de le faire à la demande d'un tiers des voix des pays adhérents.

12. Tous les membres des Comités nationaux peuvent assister aux réunions de l'Assemblée générale et prendre part aux discussions, mais seulement avec voix consultative.

Le Président de l'Union peut inviter des hommes de science, non délégués, mais appartenant à des pays adhérents, à assister, à titre consultatif, aux séances de l'Assemblée générale.

Les membres, non délégués, des Commissions mentionnées à l'article 8, ont le droit d'assister, dans les mêmes conditions, aux séances de l'Assemblée générale où sont traitées les questions rentrant dans leurs attributions.

13. L'ordre du jour d'une session est fixé par le Comité exécutif et communiqué au moins quatre mois avant l'ouverture de cette session. Toute question ne figurant pas à l'ordre du jour n'est prise en considération qu'avec l'assentiment préalable de la moitié au moins des voix des pays représentés à l'Assemblée générale.

VI. — Budget et Droit de vote.

14. Le Comité exécutif prépare un budget de prévision pour chaque année de la période comprise entre deux sessions. Une Commission financière, nommée par l'Assemblée générale, est chargée de l'étude de ce budget et de la vérification des comptes de l'exercice précédent. Elle établit, sur ces deux questions, des rapports distincts qui sont soumis à l'Assemblée générale.

A la suite de cet examen financier, l'Union fixe le taux de la part contributive unitaire.

La cotisation due par un pays et le nombre correspondant de voix qui lui sont attribuées sont réglés d'apres le barème suivant :

Population du pays.	Nombre de voix.	Nombre de parts unitaires contributives.
Moins de 5 millions d'habitants	1	1
Entre 5 et 10 id.	2	2
Id. 10 et 15 id.	3	3
Id. 15 et 20 id.	4	5
Plus de 20 id.	5	8

Les habitants des colonies et protectorats d'un pays sont comptés dans la population de ce pays, si celui-ci le désire, et d'après les indications de son Gouvernement.

Chaque Dominion (Afrique du Sud, Australie, Canada, Nouvelle-Zélande) a un nombre de voix correspondant à sa population et fixé d'après le barème précédent.

La cotisation unitaire perçue pendant la première période de la Convention ne pourra dépasser 1500 francs annuellement.

Dans chaque pays, l'autorité qui adhère à l'Union est responsable du paiement de la cotisation de ce pays.

15. Les recettes de l'Union provenant des contributions des divers pays sont consacrées à payer :

1° Les frais de publication et les dépenses accessoires d'administration ;

2° Les frais de réduction et de discussion des observations, y compris la rémunération d'assistants.

Les ressources provenant de dons sont utilisées par l'Union en tenant compte des désirs exprimés par les donateurs.

Tout pays qui se retire de l'Union abandonne de ce fait ses droits à l'actif de l'Association.

16. Dans les Assemblées générales, les résolutions concernant les questions d'ordre scientifique sont prises à la majorité des voix de tous les délégués présents. Pour les questions d'ordre administratif et pour les questions mixtes, le vote a lieu par État, le nombre de voix de chaque État étant fixé à l'article 14.

S'il y a doute sur la catégorie dans laquelle doit être rangée une question à discuter, le Président décide.

Dans les Commissions, les décisions sont prises à la majorité des voix des membres qui les composent et non par pays.

En toutes circonstances, s'il y a égalité de voix, celle du Président est prépondérante.

17. Pour les questions administratives figurant à l'ordre du jour, un pays qui n'est pas représenté peut envoyer par écrit son vote au Président. Pour être valable, ce vote doit être reçu avant le dépouillement du scrutin.

VII. — Règlements intérieurs.

18. L'Assemblée générale peut édicter des règlements intérieurs concernant, soit la conduite de ses travaux, soit les devoirs généraux qui incombent aux Membres du Comité de l'Union, soit, en général, tous objets non prévus dans les statuts.

De même, chaque Commission peut élaborer des règlements pour la conduite de ses propres travaux. Avant d'entrer en vigueur, ces règlements doivent être approuvés par l'Assemblée générale ; aucun d'eux ne peut contenir de prescriptions contraires aux termes de la présente Convention.

VIII. — Durée de la Convention et Modifications.

19. La présente Convention est valable jusqu'au 31 décembre 1931. Après cette date, elle sera renouvelée pour une autre période de douze ans, avec l'assentiment des pays adhérents.

20. Aucun changement ne pourra être apporté aux termes de la présente Convention sans l'approbation des deux tiers des voix des pays intéressés.

21. Le présent texte français servira exclusivement pour l'interprétation à donner aux articles de la Convention.

PROJET DE STATUTS

POUR UNE

UNION INTERNATIONALE DES SCIENCES BIOLOGIQUES

I. — OBJETS DE L'UNION ET CONDITIONS D'ADMISSION.

1. Il est constitué, sous le nom d'Union internationale des sciences biologiques, une Association dont l'objet est de faire progresser l'étude des différentes branches de la Biologie, notamment :

1° En provoquant et organisant des recherches que peut faciliter la coopération de plusieurs pays ;

2° En aidant à la discussion scientifique et à la publication des résultats de ces recherches ;

3° En facilitant l'établissement et le perfectionnement d'instituts de recherches accessibles aux travailleurs de toute nationalité ;

4° En favorisant l'organisation de Congrès internationaux ;

5° En facilitant la préparation et la publication de recueils de documentation bibliographiques.

2. L'admission d'un Pays à l'Union est subordonnée aux conditions fixées par les statuts du Conseil international de Recherches.

II. — Comités nationaux.

3. Un Comité national est constitué dans chacun des pays adhérents à l'Union. Il est créé sur l'initiative, soit de son Académie nationale, soit de son Conseil national de Recherches, ou d'autres institutions ou groupements d'institutions nationales similaires, soit de son Gouvernement.

4. Les Comités nationaux ont pour attributions de faciliter et de coordonner, sur leurs territoires respectifs, l'étude des diverses branches de la Biologie, envisagées principalement au point de vue international. Chaque Comité national, soit seul, soit de concert avec un ou plusieurs autres Comités nationaux, a le droit de soumettre à l'Union des questions à discuter rentrant dans la compétence de celle-ci.

Les Comités nationaux désignent les délégués chargés de les représenter aux Assemblées de l'Union.

III. — Administration de l'Union.

5. Les travaux de l'Union sont dirigés par l'*Assemblée générale* des délégués.

6. Le « Bureau » de l'Union comprend un Président, des Vice-Présidents et un Secrétaire général. Le Président et le Secrétaire général, élus par l'Assemblée générale, demeurent en fonctions jusqu'à la fin de la deuxième Assemblée générale ordinaire qui suit celle de leur élection. Exceptionnellement, le mandat du Président, élu à la fondation de l'Union, cesse à à la fin de la première Assemblée générale ordinaire qui suit celle de son élection.

Ce Bureau forme le *Comité exécutif* de l'Union.

A l'exception du Secrétaire général, les membres sortants ne sont pas immédiatement rééligibles.

Les Présidents de Sections, élus comme il est dit à l'article 8, sont de droit Vice-Présidents de l'Union.

Le Comité exécutif peut pourvoir aux vacances qui surviendraient dans son sein. Toute personne désignée dans ces conditions demeure en fonctions jusqu'à la réunion de l'Assemblée générale suivante, qui doit procéder à une élection définitive. Le membre ainsi élu achève le mandat de celui qu'il s'agissait de remplacer.

Il existe, en outre, un *Bureau administratif*, qui, sous la direction du Secrétaire général de l'Union, expédie la correspondance, gère les ressources et assure la conservation des archives ainsi que la préparation et la distribution des publications approuvées par l'Assemblée générale.

IV. — Sections.

7. L'Assemblée générale peut répartir les travaux de l'Union en un nombre indéterminé de Sections, se rapportant aux diverses branches des sciences biologiques : Biologie générale, Physiologie, Zoologie, Botanique, Sciences médicales, Biologie appliquée. Cette énumération n'est pas limitative.

Le contrôle des travaux non spécialement confiés à une Section appartient à l'Assemblée générale, qui peut en déléguer la direction à des Commissions spéciales.

8. Chaque Section élit son Président, son Vice-Président et son Secrétaire ; ils demeurent en fonctions jusqu'à la fin de la deuxième Assemblée générale ordinaire qui suit celle de leur élection. Exceptionnellement, le mandat de la moitié des Présidents (désignés par un tirage au sort) élus à la fondation de l'Union, cesse à la fin de la première Assemblée générale ordinaire qui suit celle de leur élection.

Le mandat des Vice-Présidents élus à la fondation, cesse à la fin de la première Assemblée générale ordinaire qui suit celle de leur élection, lorsque le Président de leur Section reste en fonction au-delà de ce terme.

A l'exception du Secrétaire, les membres sortants ne sont pas immédiatement rééligibles.

Une Section peut avoir son Bureau central. Le Secrétaire y remplit les fonctions de Directeur; il est chargé de la correspondance, de la gestion des ressources de la Section, de la conservation des archives ainsi que de la préparation et de la distribution des publications.

Une Section peut nommer un *Comité exécutif*. Le Président, le Vice-Président et le Secrétaire en sont membres de droit.

La Section peut confier à des Commissions spéciales l'étude de certaines questions.

9. Les procès-verbaux d'une Section doivent être communiqués au Bureau de l'Union, mais n'exigent pas la ratification de l'Assemblée générale, à moins que, de l'avis de ce Bureau, ils ne concernent également, soit d'autres Sections, soit l'œuvre d'ensemble de l'Union.

Avec l'approbation de l'Union, une Section peut avoir ses propres publications et confier une partie quelconque de ses travaux à des institutions nationales ou même à des particuliers.

V. — Assemblées de l'Union et Séances des Sections.

10. L'Union se réunit en principe tous les trois ans en Assemblée générale ordinaire. Si l'époque et le lieu de la réunion n'ont pas été arrêtés par l'Assemblée générale précédente, ils sont fixés par le Comité exécutif et communiqués, quatre mois au moins à l'avance, aux organismes adhérents.

Chaque Section tient une séance ordinaire au cours de la session de l'Assemblée générale. Plusieurs Sections peuvent se réunir conjointement suivant un horaire fixé par le Bureau de l'Union, après entente avec les Bureaux des Sections intéressées.

11. Dans des cas spéciaux, le Président de l'Union peut, avec le consentement du Comité exécutif, convoquer une Assemblée générale extraordinaire; il est tenu de le faire à la demande d'un tiers des voix des pays adhérents.

De même, le Président d'une Section peut, avec le consentement de son Comité exécutif, provoquer une Conférence extraordinaire de la Section.

12. Tous les membres des Comités nationaux peuvent assister aux réunions de l'Assemblée générale ou des Sections et prendre part aux discussions, mais seulement avec voix consultative.

Le Président de l'Union peut inviter des hommes de science non délégués mais appartenant à des pays adhérents à assister, à titre consultatif, aux séances de l'Assemblée générale. De même, un Président de Section peut, de sa propre initiative ou à la demande du Président du Comité national du pays intéressé, inviter des hommes de science à assister, à titre consultatif, aux séances de cette Section.

13. L'ordre du jour d'une session est fixé par le Comité exécutif et communiqué au moins quatre mois avant l'ouverture de cette session. Toute question ne figurant pas à l'ordre du jour n'est prise en considération qu'avec l'assentiment préalable de la moitié au moins des voix des pays représentés à l'Assemblée générale.

VI. — Budget et Droit de vote.

14. Le Comité exécutif prépare un budget de prévision pour chaque année de la période comprise entre deux sessions. Une Commission financière, nommée par l'Assemblée générale, est chargée de l'étude de ce budget et de la vérification des comptes de l'exercice précédent. Elle établit, sur ces deux questions, des rapports distincts qui sont soumis à l'Assemblée générale.

A la suite de cet examen financier, l'Union fixe le taux de la part contributive unitaire.

La cotisation due par un pays et le nombre correspondant de voix qui lui sont attribuées sont réglés d'après le barème suivant :

Population du pays.	Nombre de voix.	Nombre de parts unitaires contributives.
Moins de 5 millions d'habitants.	1	1
Entre 5 et 10 id.	2	2
Id. 10 et 15 id.	3	3
Id. 15 et 20 id.	4	5
Plus de 20 id.	5	8

Les habitants des colonies et protectorats d'un pays sont comptés dans la population de ce pays si celui-ci le désire et d'après les indications de son Gouvernement.

Chaque Dominion (Afrique du Sud, Australie, Canada, Nouvelle-Zélande) a un nombre de voix correspondant à sa population et fixé d'après le barème précédent.

La part unitaire contributive sera fixée par l'Union, pour chaque période triennale.

Chaque Comité national s'efforce de recueillir des dons et legs.

Dans chaque pays, l'autorité qui adhère à l'Union est responsable du paiement de la cotisation de ce pays.

15. Les recettes de l'Union sont consacrées à couvrir les dépenses :

1° D'administration (y compris la rémunération du personnel du secrétariat) ;

2° De publications, de subvention à des recherches ou explorations ;

3° De subvention aux recueils de documentation bibliographiques.

Les ressources provenant de dons sont utilisées par l'Union en tenant compte des désirs exprimés par les donateurs.

Tout pays qui se retire abandonne de ce fait ses droits à l'actif de l'Association.

16. En Assemblée générale ou en séance de Sections, les résolutions concernant les questions d'ordre scientifique sont prises à la majorité des voix de tous les délégués présents. Pour les questions d'ordre administratif et pour les questions mixtes, le vote a lieu par Etat, le nombre de voix de chaque Etat étant fixé à l'article 14.

S'il y a doute sur la catégorie dans laquelle doit être rangée une question à discuter, le Président décide. En toutes circonstances, s'il y a égalité de voix, celle du Président est prépondérante.

17. Pour les questions d'ordre administratif figurant à l'ordre du jour, un pays qui n'est pas représenté peut envoyer par écrit son vote au Président. Pour être valable, ce vote doit être reçu avant le dépouillement du scrutin.

VII. — Règlements intérieurs.

18. L'Assemblée générale peut édicter des règlements intérieurs concernant, soit la conduite de ses travaux, soit les devoirs généraux qui incombent aux Membres du Comité de l'Union, soit, en général, tous objets non prévus dans les statuts.

De même, chaque Section peut élaborer des règlements pour la conduite de ses propres travaux. Avant d'entrer en vigueur, ces règlements doivent être approuvés par l'Assemblée générale; aucun d'eux ne peut contenir de prescriptions contraires aux termes de la présente Convention.

VIII. — Durée de la Convention et Modifications.

19. La présente Convention est valable jusqu'au 31 décembre 1931. Après cette date, elle sera renouvelée pour une autre période de douze ans, avec l'assentiment des pays adhérents.

20. Aucun changement ne sera apporté aux termes de la présente Convention sans l'approbation des deux tiers des voix des pays intéressés.

21. Le présent texte français servira exclusivement pour l'interprétation à donner aux articles de la Convention.

PROJET DE STATUTS

POUR UNE

UNION GÉOGRAPHIQUE INTERNATIONALE

————

I. — Objets de l'Union et Conditions d'admission.

1. L'Union géographique a pour but :

1º De favoriser l'étude des problèmes qui concernent la géographie.

2º De provoquer et coordonner les recherches exigeant la coopération de plusieurs pays, et en assurer la discussion scientifique ainsi que la publication.

2. L'admission d'un Pays à l'Union est subordonnée aux conditions fixées par les statuts du Conseil international de Recherches.

II. — Comités nationaux.

3. Un Comité national est constitué dans chacun des pays adhérents à l'Union. Il est créé sur l'initiative, soit de son

Académie nationale, soit de son Conseil national de Recherches, ou d'autres institutions ou groupements d'institutions nationales similaires, soit de son Gouvernement.

4. Les Comités nationaux ont pour attributions de faciliter et de coordonner, sur leurs territoires respectifs, l'étude des diverses branches de la Géographie, envisagées principalement au point de vue international. Chaque Comité national, soit seul, soit de concert avec un ou plusieurs autres Comités nationaux, a le droit de soumettre à l'Union des questions à discuter rentrant dans la compétence de celle-ci.

Les Comités nationaux désignent les délégués chargés de les représenter aux Assemblées de l'Union.

III. — Administration de l'Union.

5. Les travaux de l'Union sont dirigés par l'*Assemblée générale* des délégués.

6. Le « Bureau » de l'Union comprend un Président, des Vice-Présidents et un Secrétaire général. Le Président et le Secrétaire général, élus par l'Assemblée générale, demeurent en fonctions jusqu'à la fin de la deuxième Assemblée générale ordinaire qui suit celle de leur élection. Exceptionnellement, le mandat du Président élu à la fondation de l'Union cesse à la fin de la première Assemblée générale ordinaire qui suit celle de son élection.

Ce Bureau forme le *Comité exécutif* de l'Union.

Les membres sortants sont rééligibles.

Les Présidents de Sections, élus comme il est dit à l'article 8, sont de droit Vice-Présidents de l'Union.

Le Comité exécutif peut pourvoir aux vacances qui survien-

draient dans son sein. Toute personne désignée dans ces conditions demeure en fonctions jusqu'à la réunion de l'Assemblée
générale suivante, qui doit procéder à une élection définitive. Le
membre ainsi élu achève le mandat de celui qu'il s'agissait de
remplacer.

Il existe, en outre, un *Bureau administratif*, qui, sous la
direction du Secrétaire général de l'Union, expédie la correspondance, gère les ressources et assure la conservation des
archives ainsi que la préparation et la distribution des publications approuvées par l'Assemblée générale.

IV. — SECTIONS

7. La direction des travaux relatifs à des branches importantes de la Géographie est confiée à des Sections spéciales.
Des Sections de cette nature seront tout d'abord constituées
pour :

a) La Topographie et la Cartographie;
b) La Géomorphologie (y compris la Glaciologie et la Spé-
liologie);
c) La Géographie humaine et l'Ethnographie;
d) La Géographie historique.
e) La Géographie biologique.

D'autres sections pourront être créées, dans la suite, par
décision de l'Assemblée générale.

Le contrôle des travaux non spécialement confiés à une Section appartient à l'Assemblée générale, qui peut en déléguer la
direction à des Commissions spéciales.

8. Chaque Section élit son Président, son Vice-Président et
son Secrétaire; ils demeurent en fonctions jusqu'à la fin de la
deuxième Assemblée générale ordinaire qui suit celle de leur
élection. Exceptionnellement, le mandat de la moitié des Prési-

dents (désignés par un tirage au sort) élus à la fondation de l'Union, cesse à la fin de la première Assemblée générale ordinaire qui suit celle de leur élection.

Le mandat des Vices Présidents élus à la fondation, cesse à la fin de la première Assemblée générale ordinaire qui suit celle de leur élection, lorsque le Président de leur Section reste en fonction au-delà de ce terme.

Les membres sortants sont rééligibles.

Une Section peut avoir son Bureau central. Le Secrétaire y remplit les fonctions de Directeur; il est chargé de la correspondance, de la gestion des ressources de la Section, de la conservation des archives ainsi que de la préparation et de la distribution des publications.

Une Section peut nommer un *Comité exécutif*. Le Président, le Vice-Président et le Secrétaire en sont membres de droit.

La Section peut confier à des Commissions spéciales l'étude de certaines questions.

9. Les procès-verbaux d'une Section doivent être communiqués au Bureau de l'Union, mais n'exigent pas la ratification de l'Assemblée générale, à moins que, de l'avis de ce Bureau, ils ne concernent également, soit d'autres Sections, soit l'œuvre d'ensemble de l'Union.

Avec l'approbation de l'Union, une Section peut avoir ses propres publications et confier une partie quelconque de ses travaux à des institutions nationales ou même à des particuliers.

V. — Assemblées de l'Union et Séances des Sections.

10. L'Union se réunit en principe tous les trois ans en Assemblée générale ordinaire. Si l'époque et le lieu de la réunion n'ont pas été arrêtés par l'Assemblée générale précédente, ils sont fixés par le Comité exécutif et communiqués, quatre mois au moins à l'avance, aux organismes adhérents.

Chaque Section tient une séance ordinaire au cours de la session de l'Assemblée générale. Plusieurs Sections peuvent se réunir conjointement suivant un horaire fixé par le Bureau de l'Union, après entente avec les Bureaux des Sections intéressées.

11. Dans des cas spéciaux, le Président de l'Union peut, avec le consentement du Comité exécutif, convoquer une Assemblée générale extraordinaire. Il est tenu de le faire à la demande d'un tiers des voix des pays adhérents.

De même, le Président d'une Section peut, avec le consentement de son Comité exécutif, provoquer une réunion extraordinaire de la Section.

12. Tous les membres des Comités nationaux peuvent assister aux réunions de l'Assemblée générale ou des Sections et prendre part aux discussions, mais seulement avec voix consultative.

Le Président de l'Union peut inviter des hommes de science, non délégués, mais appartenant à des pays adhérents, à assister, à titre consultatif aux séances de l'Assemblée générale.

De même, un Président de Section peut, de sa propre initiative ou à la demande du Président du Comité national du pays intéressé, inviter des hommes de science à assister, à titre consultatif, aux séances de cette Section.

13. L'ordre du jour d'une session est fixé par le Comité exécutif, et communiqué au moins quatre mois avant l'ouverture de cette session. Toute question ne figurant pas à l'ordre du jour n'est prise en considération qu'avec l'assentiment préalable de la moitié au moins des voix des pays représentés à l'Assemblée générale.

VI. — Budget et Droit de vote.

14. Le Comité exécutif prépare un budget de prévision pour chaque année de la période comprise entre deux sessions. Une Commission financière, nommée par l'Assemblée générale, est chargée de l'étude de ce budget et de la vérification des comptes de l'exercice précédent. Elle établit, sur ces deux questions, des rapports distincts qui sont soumis à l'Assemblée générale.

A la suite de cet examen financier, l'Union fixe le taux de la part contributive unitaire.

La cotisation due par un pays et le nombre correspondant de voix qui lui sont attribuées sont réglés d'après le barème suivant :

Population du pays.		Nombre de voix.	Nombre de parts unitaires contributives.
Moins de 5 millions d'habitants		1	1
Entre 5 et 10	id.	2	2
Id. 10 et 15	id.	3	3
Id. 15 et 20	id.	4	5
Plus de 20	id.	5	8

Les habitants des colonies et protectorats d'un pays sont comptés dans la population de ce pays, si celui-ci le désire et d'après les indications de son Gouvernement.

Chaque Dominion (Afrique du Sud, Australie, Canada, Nouvelle-Zélande) a un nombre de voix correspondant à sa population et fixé d'après le barème précédent.

La cotisation unitaire perçue pendant la première période de la Convention ne pourra dépasser fr. . . . . annuellement. Dans chaque pays, l'autorité qui adhère à l'Union est responsable du paiement de la cotisation de ce pays.

15. Les recettes de l'Union, provenant des contributions des divers pays, doivent être tout d'abord consacrées à payer :

1° Les frais de réduction et de discussion des observations, y compris la rémunération d'assistants;

2° Les frais de publication et les dépenses accessoires d'administration;

3° Dans des cas spéciaux, les honoraires des Directeurs des Bureaux administratifs.

L'excédent peut, avec l'agrément de l'Assemblée générale, être utilisé pour le progrès des œuvres générales de l'Union, définies à l'article premier.

Les ressources provenant de dons sont utilisées par l'Union en tenant compte des désirs exprimés par les donateurs.

Tout pays qui se retire de l'Union abandonne de ce fait ses droits à l'actif de l'Association.

16. En Assemblée générale ou en séance de Section, les résolutions concernant les questions d'ordre scientifique sont prises à la majorité des voix de tous les délégués présents. Pour les questions d'ordre administratif et pour les questions mixtes, le vote a lieu par État, le nombre de voix de chaque État étant fixé à l'article 14.

S'il y a doute sur la catégorie dans laquelle doit être rangée une question à discuter, le Président décide. En toutes circonstances, s'il y a égalité de voix, celle du Président est prépondérante.

17. Pour les questions administratives figurant à l'ordre du jour, un pays qui n'est pas représenté, peut envoyer, par écrit, son vote au Président. Pour être valable, ce vote doit être reçu avant le dépouillement du scrutin.

VII. — Règlements intérieurs.

18. L'Assemblée générale peut édicter des règlements intérieurs concernant, soit la conduite de ses travaux, soit les devoirs généraux qui incombent aux Membres du Comité de l'Union soit, en général, tous objets non prévus dans les statuts.

De même, chaque Section peut élaborer des règlements pour la conduite de ses propres travaux. Avant d'entrer en vigueur, ces règlements doivent être approuvés par l'Assemblée générale; aucun d'eux ne peut contenir de prescriptions contraires aux termes de la présente Convention.

VIII. — Durée de la Convention et Modifications.

19. La présente Convention est valable jusqu'au 31 décembre 1931. Après cette date, elle sera renouvelée pour une autre période de douze ans, avec l'assentiment des pays adhérents.

20. Aucun changement ne pourra être apporté aux termes de la présente Convention sans l'approbation des deux tiers des voix des pays intéressés.

21. Le présent texte français servira exclusivement pour l'interprétation à donner aux articles de la Convention.

PROJET DE STATUTS

POUR UNE

UNION GÉOLOGIQUE INTERNATIONALE

I. — Objets de l'Union et Conditions d'admission.

1. L'Union géologique a pour but :

1º De favoriser l'étude des diverses branches de la géologie et des sciences connexes ;
2º De provoquer et de coordonner les recherches exigeant la coopération de plusieurs pays et d'en assurer la discussion scientifique ainsi que la publication ;
3º De faciliter les recherches spéciales d'intérêt général ;
4º L'organisation de Congrès internationaux et des Commissions qui en dépendent ;
5º La coordination dans la préparation et la publication de résumés bibliographiques et l'élaboration des lexiques internationaux.

2. L'admission d'un Pays à l'Union est subordonnée aux conditions fixées par les statuts du Conseil international de Recherches.

II. — Comités nationaux.

3. Un Comité national est constitué dans chacun des pays adhérents à l'Union. Il est créé sur l'initiative, soit de son

Académie nationale, soit de son Conseil national de Recherches ou d'autres institutions ou groupements d'institutions nationales similaires, soit de son Gouvernement.

4. Les Comités nationaux ont pour attributions de faciliter et de coordonner, sur leurs territoires respectifs, l'étude des diverses branches de la Géologie, envisagées principalement au point de vue international. Chaque Comité national, soit seul, soit de concert avec un ou plusieurs autres Comités nationaux, a le droit de soumettre à l'Union des questions à discuter rentrant dans la compétence de celle-ci.

Les Comités nationaux désignent les délégués chargés de les représenter aux Assemblées de l'Union.

III. — Administration de l'Union.

5. Les travaux de l'Union sont dirigés par l'*Assemblée générale* des délégués.

6. Le « Bureau » de l'Union comprend un Président, trois Vice-Présidents au plus et un Secrétaire général élus par l'Assemblée générale ; ils demeurent en fonctions jusqu'à la fin de la deuxième Assemblée générale ordinaire qui suit celle de leur élection. Exceptionnellement, le mandat du Président et de deux des Vice-Présidents (désignés par un tirage au sort) nommés à la fondation de l'Union, expire à la fin de la première Assemblée générale ordinaire qui suit celle de leur élection.

Ce Bureau forme le *Comité exécutif* de l'Union.

Les membres sortants sont rééligibles.

Les trois Vice-Présidents sont choisis de manière à représenter les différentes branches de la géologie.

Le Comité exécutif peut pourvoir aux vacances qui surviendraient dans son sein. Toute personne désignée dans ces conditions demeure en fonctions jusqu'à la réunion de l'Assemblée générale suivante, qui doit procéder à une élection définitive. Le membre ainsi élu achève le mandat de celui qu'il s'agissait de remplacer.

Il existe, en outre, un *Bureau administratif*, qui, sous la direction du Secrétaire général de l'Union, expédie la correspondance, gère les ressources et assure la conservation des archives ainsi que la préparation et la distribution des publications approuvées par l'Assemblée générale.

IV. — COMMISSIONS.

7. L'Assemblée générale peut confier à des Commissions la direction des travaux relatifs à des branches importantes de la Géologie et des sciences connexes. Les Commissions seront tout d'abord instituées pour l'étude des questions se rapportant à :

a) La Minéralogie et la Lithologie ;
b) La Paléontologie ;
c) La Stratigraphie ;
d) La Tectonique ;
e) La Dynamique terrestre ;
f) La Géologie appliquée ;
g) La Carte géologique internationale ;
h) La Bibliographie et les Comptes rendus.

8. Le Président et les membres de chacune de ces Commissions sont élus par l'Assemblée générale sur la proposition du Comité exécutif de l'Union. Ils restent en fonctions jusqu'à la fin de l'Assemblée générale ordinaire suivante et sont rééligibles.

Lorsqu'une Commission comprend des membres désignés en partie par l'Union géologique et en partie par une autre Union rattachée au Conseil international de Recherches, elle a la faculté d'élire elle-même son Président.

Les Commissions établissent elles-mêmes leur règlement d'ordre intérieur; elles peuvent s'adjoindre, par cooptation et à la majorité des deux tiers des voix, de nouveaux membres appartenant aux pays représentés près l'Union et qui ne sont pas nécessairement délégués.

9. Avec l'approbation du Comité exécutif, une Commission peut avoir ses propres publications et confier une partie quelconque de ses travaux à des institutions nationales ou même à des particuliers.

V. — Assemblées générales.

10. L'Union se réunit en principe tous les trois ans en Assemblée générale ordinaire. Si l'époque et le lieu de cette réunion n'ont pas été arrêtés par l'Assemblée générale précédente, ils sont fixés par le Comité exécutif et communiqués, quatre mois au moins à l'avance, aux organismes adhérents.

11. Dans des cas spéciaux, le Président peut, avec le consentement du Comité exécutif, convoquer une Assemblée générale extraordinaire; il est tenu de le faire à la demande d'un tiers des voix des pays adhérents.

12. Tous les membres des Comités nationaux peuvent assister aux réunions de l'Assemblée générale, et prendre part aux discussions, mais seulement avec voix consultative. Le Président de l'Union peut inviter des hommes de science, non délégués, mais appartenant à des pays adhérents, à assister, à titre consultatif, aux séances de l'Assemblée générale.

Les membres, non délégués, des Commissions mentionnées à l'article 8, ont le droit d'assister, dans les mêmes conditions, aux séances de l'Assemblée générale où sont traitées les questions rentrant dans leurs attributions.

13. L'ordre du jour d'une session est fixé par le Comité exécutif et communiqué au moins quatre mois avant l'ouverture de cette session. Toute question ne figurant pas à l'ordre du jour n'est prise en considération qu'avec l'assentiment préalable de la moitié au moins des voix des pays représentés à l'Assemblée générale.

VI. — Budget et Droit de vote.

14. Le Comité exécutif prépare un budget de prévision pour chaque année de la période comprise entre deux sessions. Une Commission financière, nommée par l'Assemblée générale, est chargée de l'étude de ce budget et de la vérification des comptes de l'exercice précédent. Elle établit, sur ces deux questions, des rapports distincts qui sont soumis à l'Assemblée générale.

A la suite de cet examen financier, l'Union fixe le taux de la part contributive unitaire.

La cotisation due par un pays et le nombre correspondant de voix qui lui sont attribuées sont réglés d'après le barème suivant :

Population du pays.	Nombre de voix.	Nombre de parts unitaires contributives.
Moins de 5 millions d'habitants.	1	1
Entre 5 et 10 id.	2	2
Id. 10 et 15 id.	3	3
Id. 15 et 20 id.	4	5
Plus de 20 id.	5	8

Les habitants des colonies et protectorats d'un pays sont comptés dans la population de ce pays, si celui-ci le désire, et d'après les indications de son Gouvernement.

Chaque Dominion (Afrique du Sud, Australie, Canada, Nouvelle-Zélande) a un nombre de voix correspondant à sa population et fixé d'après le barème précédent.

La cotisation unitaire perçue pendant la première période de la Convention ne pourra dépasser . . . francs annuellement.

Dans chaque pays, l'autorité qui adhère à l'Union est responsable du paiement de la cotisation de ce pays.

15. Les recettes de l'Union, provenant des contributions des divers pays, sont consacrées à payer :

1° Les frais de rédaction et de discussion des observations, y compris la rémunération d'assistants ;

2° Les frais de publication et les dépenses accessoires d'administration ;

3° Les honoraires du directeur du Bureau administratif.

Les ressources provenant de dons sont utilisées par l'Union en tenant compte des désirs exprimés par les donateurs.

Tout pays qui se retire de l'Union abandonne de ce fait ses droits à l'actif de l'Association.

16. Dans les Assemblées générales, les résolutions concernant les questions d'ordre scientifique sont prises à la majorité des voix de tous les délégués présents. Pour les questions d'ordre administratif et pour les questions mixtes, le vote a lieu par État, le nombre de voix de chaque État étant fixé à l'article 14.

S'il y a doute sur la catégorie dans laquelle doit être rangée une question à discuter, le Président décide.

En toutes circonstances, s'il y a égalité de voix, celle du Président est prépondérante.

17. Pour les questions administratives figurant à l'ordre du jour, un pays qui n'est pas représenté peut envoyer par écrit son vote au Président. Pour être valable, ce vote doit être reçu avant le dépouillement du scrutin.

VII. — RÈGLEMENTS INTÉRIEURS.

18. L'Assemblée générale peut édicter des règlements intérieurs concernant, soit la conduite de ses travaux, soit les devoirs généraux qui incombent aux Membres du Comité de l'Union, soit, en général, tous objets non prévus dans les statuts.

De même, chaque Commission peut élaborer des règlements pour la conduite de ses propres travaux. Avant d'entrer en vigueur, ces règlements doivent être approuvés par l'Assemblée générale; aucun d'eux ne peut contenir de prescriptions contraires aux termes de la présente Convention.

VIII. — DURÉE DE LA CONVENTION ET MODIFICATIONS.

19. La présente Convention est valable jusqu'au 31 décembre 1931. Après cette date, elle sera renouvelée pour une autre période de douze ans, avec l'assentiment des pays adhérents.

20. Aucun changement ne pourra être apporté aux termes de la présente Convention sans l'approbation des deux tiers des voix des pays intéressés.

21. Le présent texte français servira exclusivement pour l'interprétation à donner aux articles de la Convention.

—

PROJET DE STATUTS

POUR UNE

UNION INTERNATIONALE POUR LA BIBLIOGRAPHIE ET LA DOCUMENTATION

—

I. — Objet de l'Union et Conditions d'Admission.

1. L'Union pour la Bibliographie et la Documentation a pour objet l'organisation et le progrès général de la Bibliographie et de la Documentation. Elle exerce son action en provoquant et facilitant l'exécution de travaux, en établissant la liaison entre les divers travaux entrepris ou contrôlés par les Unions internationales particulières, en organisant les services d'utilité générale qui nécessitent la coopération des divers pays et des diverses associations.

2. L'admission d'un Pays à l'Union est subordonnée aux conditions fixées par les statuts du Conseil international de Recherches.

II. — Comités nationaux.

3. Un Comité national est constitué dans chacun des pays adhérents à l'Union. Il est créé sur l'initiative, soit de son Académie nationale, soit de son Conseil national de Recherches ou d'autres institutions ou groupements d'institutions nationales similaires, soit de son Gouvernement.

4. Les Comités nationaux ont pour attributions de faciliter et de coordonner, sur leurs territoires respectifs, l'étude des diverses branches de la Bibliographie et de la Documentation, envisagées principalement au point de vue international. Chaque Comité national, soit seul, soit de concert avec un ou plusieurs autres Comités nationaux, a le droit de soumettre à l'Union des questions à discuter rentrant dans la compétence de celle-ci.

Les Comités nationaux désignent les délégués chargés de les représenter aux Assemblées de l'Union.

III. — Administration de l'Union.

5. Les travaux de l'Union sont dirigés par l'*Assemblée générale* des délégués.

6. Le « Bureau » de l'Union comprend un Président, deux Vice-Présidents au plus et un Secrétaire général élus par l'Assemblée générale ; ils demeurent en fonctions jusqu'à la fin de la deuxième Assemblée générale ordinaire qui suit celle de leur élection. Exceptionnellement, le mandat du Président et de l'un des Vice-Présidents (désigné par un tirage au sort) nommés à la fondation de l'Union, expire à la fin de la première Assemblée générale ordinaire qui suit celle de leur élection.

Ce Bureau forme le *Comité exécutif* de l'Union.

Les membres sortants sont rééligibles.

Le Comité exécutif peut pourvoir aux vacances qui surviendraient dans son sein. Toute personne désignée dans ces conditions demeure en fonctions jusqu'à la réunion de l'Assemblée générale suivante, qui doit procéder à une élection définitive. Le membre ainsi élu achève le mandat de celui qu'il s'agissait de remplacer.

Il existe, en outre, un Office international qui, sous le contrôle du Comité exécutif de l'Union, gère les ressources et assure la formation et la conservation des collections, ainsi que la préparation et la distribution des publications approuvées par l'Assemblée générale. L'administration de l'Office international est confiée à un ou plusieurs directeurs nommés par le Comité exécutif.

IV. — Commissions.

7. La responsabilité immédiate de l'organisation nationale appartient aux Conseils nationaux; celle de l'organisation par sciences appartient aux Unions et Associations internationales de chaque branche. L'Union elle-même agit en vue de coordonner l'organisation. Elle dresse le plan général des travaux et services, elle fixe le choix des méthodes; elle assure l'exécution par un ensemble de conventions conclues avec les organismes les mieux qualifiés.

L'Union peut se diviser en Commissions correspondant à chacune des branches essentielles des connaissances et de l'activité pratique. Chaque Commission envisage l'ensemble des questions de documentation concernant sa branche. Des Commissions envisagent les corrélations entre ces mêmes questions considérées dans l'ensemble des branches.

8. Le Président et les membres de chacune de ces Commissions sont élus par l'Assemblée générale sur la proposition du Comité exécutif de l'Union. Ils restent en fonctions jusqu'à la fin de l'Assemblée générale ordinaire suivante et sont rééligibles.

Lorsqu'une Commission comprend des membres désignés en partie par l'Union pour la Bibliographie et la Documentation et en partie par une autre Union rattachée au Conseil international de Recherches, elle a la faculté d'élire elle-même son Président.

Les Commissions établissent elles-mêmes leur règlement

d'ordre intérieur; elles peuvent s'adjoindre, par cooptation et à la majorité des deux tiers des voix, de nouveaux membres appartenant aux pays représentés près l'Union et qui ne sont pas nécessairement délégués.

9. Avec l'approbation du Comité exécutif, une Commission peut avoir ses propres publications et confier une partie quelconque de ses travaux à des institutions nationales ou même à des particuliers.

Les fonctions d'une Commission peuvent être assumées par une Association internationale.

V. — ASSEMBLÉES GÉNÉRALES.

10. L'Union se réunit en principe tous les trois ans, en Assemblée générale ordinaire. Si l'époque et le lieu de cette réunion n'ont pas été arrêtés par l'Assemblée générale précédente, ils sont fixés par le Comité exécutif et communiqués, quatre mois au moins à l'avance aux organismes adhérents.

11. Dans des cas spéciaux, le Président peut, avec le consentement du Comité exécutif, convoquer une Assemblée générale extraordinaire; il est tenu de le faire à la demande d'un tiers des voix des pays adhérents.

12. Tous les membres des Comités nationaux peuvent assister aux réunions de l'Assemblée générale et prendre part aux discussions, mais seulement avec voix consultative. Le Président de l'Union peut inviter des hommes de science, non délégués, mais appartenant à des pays adhérents, à assister, à titre consultatif, aux séances de l'Assemblée générale.

Les membres, non délégués, des Commissions mentionnées à l'article 8, ont le droit d'assister, dans les mêmes conditions, aux séances de l'Assemblée générale où sont traitées les questions rentrant dans leurs attributions.

13. L'ordre du jour d'une session est fixé par le Comité exécutif et communiqué au moins quatre mois avant l'ouverture de cette session. Toute question ne figurant pas à l'ordre du jour n'est prise en considération qu'avec l'assentiment préalable de la moitié au moins des voix des pays représentés à l'Assemblée générale.

VI. — BUDGET ET DROIT DE VOTE.

14. Le Comité exécutif prépare un budget de prévision pour chaque année de la période comprise entre deux sessions. Une Commission financière, nommée par l'Assemblée générale, est chargée de l'étude de ce budget et de la vérification des comptes de l'exercice précédent. Elle établit, sur ces deux questions, des rapports distincts qui sont soumis à l'Assemblée générale.

A la suite de cet examen financier, l'Union fixe le taux de la part contributive unitaire.

La cotisation due par un pays et le nombre correspondant de voix qui lui sont attribuées sont réglés d'après le barème suivant :

Population du pays.	Nombre de voix.	Nombre de parts unitaires contributives.
Moins de 5 millions d'habitants	1	1
Entre 5 et 10 id.	2	2
Id. 10 et 15 id.	3	3
Id. 15 et 20 id.	4	5
Plus de 20 id.	5	8

Les habitants des colonies et protectorats d'un pays sont comptés dans la population de ce pays, si celui-ci le désire, et d'après les indications de son Gouvernement.

Chaque Dominion (Afrique du Sud, Australie, Canada, Nouvelle-Zélande) a un nombre de voix correspondant à sa population et fixé d'après le barème précédent.

La cotisation unitaire perçue pendant la première période de la Convention ne pourra dépasser fr. . . . . . annuellement.

Dans chaque pays, l'autorité qui adhère à l'Union est responsable du paiement de la cotisation de ce pays.

15. Les recettes de l'Union, provenant des contributions des divers pays, sont consacrées à payer les dépenses suivantes :

1° Frais d'administration, de publication et d'établissement des collections ;

2° Indemnités du Secrétaire général, des Directeurs et du personnel des bureaux centraux ;

3° Subventions ou rémunérations dues pour des travaux particuliers réclamés par l'Association ;

4° Achat et entretien du matériel scientifique.

Les ressources provenant de dons sont utilisées par l'Union en tenant compte des désirs exprimés par les donateurs.

Tout pays qui se retire de l'Union abandonne de ce fait ses droits à l'actif de l'Association.

16. Dans les Assemblées générales, les résolutions concernant les questions d'ordre scientifique sont prises à la majorité des voix de tous les délégués présents. Pour les questions d'ordre administratif et pour les questions mixtes, le vote a lieu par État, le nombre de voix de chaque État étant fixé à l'article 14.

S'il y a doute sur la catégorie dans laquelle doit être rangée une question à discuter, le Président décide.

Dans les Commissions, les décisions sont prises à la majorité des voix des membres qui les composent et non par pays.

En toutes circonstances, s'il y a égalité de voix, celle du Président est prépondérante.

17. Pour les questions administratives figurant à l'ordre du jour, un pays qui n'est pas représenté peut envoyer par écrit son vote au Président. Pour être valable, ce vote doit être reçù avant le dépouillement du scrutin.

VII. — Règlements intérieurs.

18. L'Assemblée générale peut édicter des règlements intérieurs concernant, soit la conduite de ses travaux, soit les devoirs généraux qui incombent aux Membres du Comité de l'Union, soit, en général, tous objets non prévus dans les statuts.

De même, chaque Commission peut élaborer des règlements pour la conduite de ses propres travaux. Avant d'entrer en vigueur, ces règlements doivent être approuvés par l'Assemblée générale; aucun d'eux ne peut contenir de prescriptions contraires aux termes de la présente Convention.

VIII. — Durée de la Convention et Modifications.

19. La présente Convention est valable jusqu'au 31 décembre 1931. Après cette date, elle sera renouvelée pour une autre période de douze ans, avec l'assentiment des pays adhérents.

20. Aucun changement ne pourra être apporté aux termes de la présente Convention sans l'approbation des deux tiers des voix des pays intéressés.

21. Le présent texte français servira exclusivement pour l'interprétation à donner aux articles de la Convention.

TABLE · DES MATIÈRES

9 782019 996956